너는 나의 기쁨이라

너는 나의 기쁨이라

김승욱 지음

규장

교회 된 우리를 향한
하나님의 부르심

저의 소명(召命)은 가장 먼저 하나님의 양들을 돌보는 목자 됨이
고, 그 후에 그 양들에게 말씀의 꿀을 먹이는 설교자입니다. 저는
하나님께서 그분의 피 값으로 사신 교회를 목양하라고 저를 목
사로 부르셨으며, 또한 그 목양에 있어서 가장 중요한 섬김으로
써 설교의 사명을 주셨다고 확신합니다.

그래서 저에게 설교란, 단순히 하나님의 말씀을 잘 전달하는
사역이 아닙니다. 전파되는 말씀을 통해 '지금 이때에 교회에게
주시는 성령님의 음성'이 바로 선포되고, 그래서 '지금 이 때에 하
나님이 원하시는 교회'가 세워질 수 있도록 설교할 수 있어야 한
다고 생각합니다.

그런 마음으로 2014년도를 맞았습니다. 그리고 새해 우리 교회가 나아가야 할 방향과 주제를 '성숙한 믿음을 향하여'라고 정했습니다. 성령님이 오늘날 제가 시무하는 할렐루야교회를 포함한 한국 교회에 주시는 중요한 메시지가 바로 여기에 있다고 믿기 때문입니다.

양적 성장이 주춤하는 이때에 교회가 반드시 붙잡아야 할 것은 내적인 성숙 혹은 질적인 성숙입니다. 이제 우리는 우리의 내면으로, 중심으로 시선을 돌려야 합니다. 믿음의 본질, 곧 복음의 중심으로 돌아가야 합니다. 그럴 때 어느 찬양 가사가 노래하고 있듯, 교회가 교회 되고 예배가 예배 되는 일이 우리 가운데 온전히 회복될 것입니다. 그런 회복이 있을 때 이 땅의 교회를 향한 하나님의 부르심을 다시금 새롭게 할 수 있을 것입니다.

이런 주제로 2014년을 여는 '신년특별새벽기도회'를 할 때 저는 성도들에게 한 교회를 샘플로 보여주었습니다. 성숙한 믿음을 향해 나아가야 하는 우리에게 필요한 것은 추상적인 가르침이 아니라, 실제로 그렇게 살았던 공동체를 목격하고 그 본(本)을 따라가는 일이었습니다. 저는 감사하게도 데살로니가교회에서 그 본보기를 찾게 되었습니다. 사도 바울은 데살로니가교회에 보내는 편지를 이렇게 시작합니다.

우리가 너희 모두로 말미암아 항상 하나님께 감사하며 기도할 때에 너희를 기억함은 너희의 믿음의 역사와 사랑의 수고와 우리

주 예수 그리스도에 대한 소망의 인내를 우리 하나님 아버지 앞
에서 끊임없이 기억함이니 살전 1:2,3

편지의 시작에서부터 감격에 넘치는 사도의 마음이 느껴집니
다. 시간이 흘러 데살로니가교회에 보내는 두 번째 편지를 쓸 때
에도 그 감격은 여전히 살아 있었습니다.

형제들아 우리가 너희를 위하여 항상 하나님께 감사할지니 이것
이 당연함은 너희의 믿음이 더욱 자라고 너희가 다 각기 서로 사
랑함이 풍성함이니 그러므로 너희가 견디고 있는 모든 박해와 환
난 중에서 너희 인내와 믿음으로 말미암아 하나님의 여러 교회에
서 우리가 친히 자랑하노라 살후 1:3,4

지중해 세계를 누비고 다니며 복음을 전하다 온갖 고초와 고난을 겪으면서도 바울은 자신에게 가장 큰 괴로움은 교회를 향한 염려라고 고백합니다. 그만큼 그의 마음은 하나님의 교회를 향해 불타고 있었습니다. 그래서 교회들이 제대로 서 있지 못하는 모습을 볼 때마다 큰 아픔을 호소하는 것입니다.

그런데 그 한가운데 데살로니가교회가 있었습니다. 생각할 때마다 기쁨이 되고 기도할 때마다 감사가 되는 데살로니가 공동체가 우뚝 서 있었습니다. 저는 성도들과 함께 이 데살로니가교회를 주목하며 한 해를 시작했습니다. 데살로니가교회를 살피며 이 교회가 하나님의 기쁨이 될 수 있었던 비밀을 찾아보았습니다.

성숙한 교회가 되는 것은 우리가 주님께 드릴 수 있는 최고의 기쁨입니다. 날이 갈수록 어두워져가는 세상에서 교회가 진정한 교회로 서는 일은 우리 주님의 간절한 바람이자 탄식일 것입니다. 우리 주 예수님이 감격하며 자랑하실 수 있는 교회로 서는 것보다 더 큰 영광이 어디 있겠습니까?

우리 모두가 다 주님 앞에 그런 교회로 서게 되기를 간절히 바랍니다. 그래서 주님의 기쁨이 되기를 바랍니다.

김승욱

차례

우리가 분명히 알아야 할 것은
교회는 건물이나 조직체가 아니란 것입니다.
성경은 교회를 단 한 번도 건물 혹은
어떤 조직체라고 말한 적이 없습니다.
성경은 교회가 주님의 백성들이라고 합니다.
하나님의 백성들,
곧 구원받은 하나님의 백성들이 바로 교회입니다.

하나님의 마음은
교회로 가득하다

데살로니가전서 1장 1절

바울과 실루아노와 디모데는 하나님 아버지와 주 예수 그리스도 안에 있는 데살로니가인의 교회에

편지하노니 은혜와 평강이 너희에게 있을지어다

성경의 중심엔 교회가 있다

여러분은 '교회' 하면 어떤 것부터 떠올리십니까? 아마도 십자가 탑이 있는 건물을 떠올리는 경우가 가장 많을 것입니다. 그러나 성경이 말하는 교회는 이와 조금 다릅니다.

신약성경은 크게 보면 네 부분으로 나눌 수 있습니다. 첫 번째는 예수 그리스도의 삶과 가르침과 죽으심과 부활하심을 알려주는 복음서입니다. 두 번째는 예수님이 전하신 복음으로 말미암아 시작된 교회의 역사가 기록된 사도행전입니다. 세 번째는 사도행전의 역사로 말미암아 세워진 교회들에게 사도들이 보낸 편지들인 서신서입니다. 네 번째는 종말에 대해 가르쳐주는 요한계시록입니다. 그런데 그 각각을 살펴보면 그 중심에 다 '교회'가 있다는 사실을 알 수 있습니다.

복음서에 기록된 교회

복음서에서 예수님의 가르침을 보다 보면, 예수님이 마태복음 16장에서 제자들에게 이렇게 물으시는 장면이 나옵니다.

"사람들이 나를 누구라 하느냐?"

그러자 제자들이 대답합니다.

"어떤 사람은 세례 요한이라고 하고, 어떤 사람은 엘리야, 어떤 사람은 예레미야나 선지자 중의 하나라고 합니다."

예수님이 다시 물으셨습니다.

"너희는 나를 누구라 하느냐?"

그 질문에 베드로가 대답합니다.

"예, 주님은 그리스도시요 살아 계신 하나님의 아들이십니다."

예수님은 이 대답을 듣고 굉장히 기뻐하셨습니다. 그리고 베드로에게 이렇게 말씀하셨습니다.

"이 대답은 네게서 나온 것이 아니라 하늘에 계신 하나님이 주신 것이다."

그리고 이어서 이렇게 선포하셨습니다.

"내가 이 반석 위에 내 교회를 세우겠다. 나를 그리스도라고 믿고 고백한 네 신앙고백 위에 내가 내 교회를 세우겠다. 음부의 권세도 이 교회를 이기지 못할 것이다."

이처럼 복음을 통해 예수님을 믿게 된 사람들, 그들의 신앙고백 위에 교회가 세워지게 될 거라는 말씀이 복음서의 가장 중심에 기록되어 있습니다.

사도행전에 기록된 교회

사도행전에는 복음서가 끝나고 교회가 본격적으로 세워지는 역사가 기록되어 있습니다. 그렇게 세워진 교회들 가운데 한 교회인 에베소교회 성도들을 향해 바울은 이렇게 말합니다.

여러분은 자기를 위하여 또는 온 양 떼를 위하여 삼가라 성령이 그들 가운데 여러분을 감독자로 삼고 하나님이 자기 피로 사신 교회를 보살피게 하셨느니라 행 20:28

사도 바울은 교회가 하나님이 자기 피 값을 사신 것이라고 말합니다. 그렇다면 이러한 교회보다 더 가치 있고 중요한 게 어디 있겠습니까?

사도행전은 '사도들의 역사(Acts of Apostles)'라는 의미이지만, 그 내용을 보면 사실 '성령님의 역사(Acts of the Holy Spirit)'라고 해도 과언이 아닙니다. 그리고 그 성령으로 말미암아 세워지는

'교회들의 이야기(Acts of the Church of Christ)'입니다.

사도 바울은 복음을 전하면서 복음을 믿는 자들이 생기는 곳마다 교회를 세웁니다. 그리고 그렇게 세워진 교회들을 다시 찾아가서 돌보았습니다. 그가 그 교회들에 다시 돌아간 것은 교회들을 튼튼히 세우기 위해서입니다. 그는 교회의 조직을 구성하고 리더들을 세워서 예수 그리스도의 몸 된 교회로 세워질 수 있도록 했습니다.

이런 내용들이 기록된 것이 사도행전입니다. 그래서 사도행전은 교회가 세워지는 과정인 '교회행전'이라고도 볼 수 있습니다.

서신서와 요한계시록에 꽉 찬 교회

사도행전에 이어서 서신서들이 등장합니다. 서신서는 사도들이 '교회들이 주님 앞에 제대로 살고 있는가' 걱정하는 마음을 담아 쓴 편지들로, 신약성경에서 가장 많은 부분을 차지하고 있습니다. 교회를 근심하며 쓴 편지가 신약성경의 가장 큰 부분을 차지하는 것으로 볼 때, 하나님의 마음이 정말 교회로 꽉 차 있다는 걸 알 수 있습니다.

또한 요한계시록은 우리에게 마지막 때에 대해 알려줍니다. 요한계시록이 말하는 그때의 모습은 어떻습니까?

또 내가 새 하늘과 새 땅을 보니 처음 하늘과 처음 땅이 없어졌고 바다도 다시 있지 않더라 또 내가 보매 거룩한 성 새 예루살렘이 하나님께로부터 하늘에서 내려오니 그 준비한 것이 신부가 남편을 위하여 단장한 것 같더라 계 21:1,2

우리가 알고 있는 이 하늘과 이 땅이 지나가고 새 하늘과 새 땅이 펼쳐질 때에 새 예루살렘이 하늘에서 내려올 것입니다. 요한은 그 새 예루살렘 성이 마치 남편을 위해 단장한 신부와 같다고 말합니다.

성경에서 예수 그리스도의 신부는 주님의 교회입니다(엡 5:26-28 참조). 따라서 우리가 알고 있는 이 땅의 역사가 다 지나간 후 하나님께서 새로운 역사를 펼치실 때에는 예수님과 함께 그분의 교회가 일어나 왕 노릇 하게 될 것입니다. 새 역사의 주역으로 교회를 세우시겠다는 말씀입니다.

이처럼 신약성경의 중심은 늘 교회입니다. 복음서도, 사도행전도, 서신서도, 요한계시록도 교회로 가득 차 있습니다. 하나님의 마음이 교회에 대한 사랑으로 가득 차 있기 때문입니다.

건물이 아니라 사람

그런데 우리가 분명히 알아야 할 것은 교회는 건물이나 조직체가 아니란 것입니다. 성경은 교회를 단 한 번도 건물 혹은 어떤 조직체라고 말한 적이 없습니다. 성경은 교회가 '주님의 백성들'이라고 말합니다. 하나님의 백성들, 곧 구원받은 하나님의 백성들이 바로 교회입니다.

그래서 하나님은 죄와 허물로 죽었던 우리를 다시 살리셔서 그분의 교회가 되게 하시기 위해 크신 사랑과 풍성하신 긍휼로 구원하십니다.

너희는 그 은혜에 의하여 믿음으로 말미암아 구원을 받았으니 이것은 너희에게서 난 것이 아니요 하나님의 선물이라 엡 2:8

사도 바울은 이 구절 후에 다음과 같은 말씀으로 에베소서를 마무리합니다.

너희는 사도들과 선지자들의 터 위에 세우심을 입은 자라 그리스도 예수께서 친히 모퉁잇돌이 되셨느니라 그의 안에서 건물마다 서로 연결하여 주 안에서 성전이 되어 가고 너희도 성령 안에

서 하나님이 거하실 처소가 되기 위하여 그리스도 예수 안에서 함께 지어져 가느니라 엡 2:20-22

믿는 자들, 곧 구원받은 자들이 예수 그리스도 안에서 서로 연결되어 성전이 되어가는 것입니다. 하나님께서 우리를 처소로 삼아 우리 가운데 거하시기 위해 성령으로 말미암아 우리를 예수 그리스도 안에서 지어나가고 계신 것입니다.

따라서 교회는 어떤 건물이나 조직체가 아니라 그분의 구원받은 백성들, 지금도 지어져가고 있는 하나님의 백성들, 바로 우리들인 것입니다. 그리스도 예수 안에서 그리스도의 모습으로 만들어져가는 현재진행형 가운데 있는 우리가 바로 교회입니다.

예수님께 기쁨이 되는 교회

교회에 대해 묵상하다가 데살로니가교회를 보게 되었습니다. 데살로니가교회는 하나님이 기뻐하신 교회, 한마디로 성숙한 교회였습니다. 그래서 데살로니가교회를 통해 어떤 교회가 하나님께 기쁨이 되는 교회인지 살펴보고자 합니다.

사도 바울은 실루아노와 디모데와 더불어 데살로니가교회에 보낸 편지에서 이런 말을 합니다.

우리가 너희 모두로 말미암아 항상 하나님께 감사하며 기도할
때에 너희를 기억함은 살전 1:2

단순한 인사말 같지만, 그 안에 숨은 뜻은 참 놀랍습니다. 그
뜻은 이렇습니다.
'우리는 데살로니가교회 성도들을 생각할 때마다 항상 하나님
께 감사하게 됩니다.'
사도 바울의 서신들을 보면, 그에게는 항상 교회들로 인한 근
심이 많았다는 것을 알 수 있습니다. 해산의 고통처럼 격렬한 고
통이 그에게 있었고, 교회를 향한 근심과 아픔으로 탄식하는 마
음이 가득했습니다. 그러나 웬일인지 데살로니가교회를 생각할
때만큼은 정말 기쁘고 감사하다고 고백하고 있습니다. 그는 또
이렇게 말합니다.

우리가 우리 하나님 앞에서 너희로 말미암아 모든 기쁨으로 기
뻐하니 너희를 위하여 능히 어떠한 감사로 하나님께 보답할까

살전 3:9

데살로니가교회와 교인들만 생각하면 너무 기뻐서 사도 바울 안에는 '하나님께 이 기쁨을 어떤 감사로 보답할 수 있을까' 하는 감격의 마음이 가득했습니다. 데살로니가교회는 사도 바울의 기쁨이었습니다. 그렇다는 것은 하나님의 마음에 기쁨이 되었던 교회라는 뜻이기도 합니다.

사도 바울이 쓴 편지가 성경이 되었다는 것은 그의 마음 안에 예수님의 마음이 충만했다는 반증입니다. 그래서 예수님도 그의 표현을 통해 "내가 너희를 생각할 때마다 정말 기쁘다. 너희들을 생각할 때마다 하나님께 감사하다. 내가 아버지께 너희를 위해 간구하면서 감격이 벅차오른다"라고 말씀하시는 것입니다.

데살로니가전서의 말씀을 묵상하면서 제 마음에 이런 소원이 간절하게 일어났습니다.

'아, 우리 교회가 이런 교회가 된다면 얼마나 좋을까!'

구하는 기도를 넘어서

저는 한국과 미국에서 모두 생활해보았습니다. 예전에 미국에서 목회를 한 적도 있고 지금은 한국에서 목회를 하고 있습니다. 그런데 재미있는 것은 한국어로 기도할 때와 영어로 기도할 때 자

주 쓰는 표현이 다르다는 것입니다. 한국에서는 이런 기도를 많이 합니다.

"주님, 저희에게 은혜가 필요합니다. 은혜를 주시옵소서!"

그런데 영어로 기도할 때는 저도 모르게 "Thank you"(고맙습니다)라는 말을 많이 쓰게 됩니다. 분명 같은 사람이 기도하는 데도 한국어로 기도할 때와 영어로 기도할 때 이런 차이가 나는 것을 보면서 가끔은 '한국어와 영어에 특별한 DNA가 있는 것은 아닐까' 하는 생각이 들기도 합니다. 그래서 많은 한국 교회들이 "은혜를 주시옵소서! 복을 주시옵소서! 주시옵소서"라고 기도하는 것은 아닐까 하면서 말입니다.

물론 구하는 기도가 무조건 나쁘다거나 성숙하지 않다는 것은 아닙니다. 야곱은 하나님께 많이, 또 간절히 구했습니다. 그런 야곱은 결국 하나님의 축복을 받아 이스라엘이 되었습니다. 그만큼 구하는 기도도 우리에게 필요합니다. 하지만 구하는 기도만 하다 보면 가끔은 스스로 생각해도 얄밉다 싶을 때가 있습니다. 구하는 것을 주시면 또 달라고 합니다. 그러면서 이런 생각이 들었습니다.

'우리는 늘 하나님께 은혜와 감격을 달라고 구하는데, 그렇게 간구하고 있는 우리가 때로는 하나님께 감동이 되고 감격이 되어

보는 건 어떨까?'

성경을 보면 예수님이 무척 감동을 받으시는 장면이 나옵니다. 바로 마리아가 값비싼 향유 옥합을 깨뜨려서 예수님의 발에 붓고 자신의 머리로 그분의 발을 닦아드렸을 때입니다(요 12:3 참조). 그래서 예수님은 복음이 전파되는 곳마다 이 여인이 행한 일도 함께 전해지도록 하라고 말씀하십니다.

우리도 예수님께 "주시옵소서"만 외치는 게 아니라 감동을 드릴 수 있게 되기를 바랍니다. 그래서 우리 한 사람 한 사람이 다 하나님께 기쁨과 감동이 되며 기념이 되는 교회로 서게 되기를 바랍니다. 온 세상에 주님의 향기를 전할 수 있는 그런 교회로 말입니다.

믿음으로 구원을 얻는 데서 끝나는 것이 아닙니다.
그 믿음으로 말미암아 하나님이 우리를 통해
이루시고자 하는 선한 일이 있습니다.
우리는 그 일을 위해 지음 받았습니다.
즉, 믿음에는 믿음으로만 감당할 수 있는
분명한 역사가 따라야 한다는 것입니다.

믿음의 역사가 있는
진정한 믿음을 보여라

데살로니가전서 1장 1-3절

바울과 실루아노와 디모데는 하나님 아버지와 주 예수 그리스도 안에 있는 데살로니가인의 교회에

편지하노니 은혜와 평강이 너희에게 있을지어다 우리가 너희 모두로 말미암아 항상 하나님께 감사

하며 기도할 때에 너희를 기억함은 너희의 믿음의 역사와 사랑의 수고와 우리 주 예수 그리스도에

대한 소망의 인내를 우리 하나님 아버지 앞에서 끊임없이 기억함이니

믿음에는 믿음의 역사가 따라야 한다

데살로니가교회는 하나님께 참 감동이 되고 기쁨이 되는 교회였습니다. 데살로니가교회의 어떤 모습이 예수님께 그렇게 감동이 되었습니까? 무엇을 어떻게 했기에 하나님께 기쁨이 되었습니까? 이런 면에 중점을 두고 데살로니가교회를 살펴보면서 다섯 가지 특징을 발견했습니다. 가장 먼저, 그들에게는 '믿음의 역사'가 있었습니다.

너희의 '믿음의 역사'와 사랑의 수고와 우리 주 예수 그리스도에 대한 소망의 인내를 우리 하나님 아버지 앞에서 끊임없이 기억함이니 살전 1:3

영어성경(NIV)은 이 부분을 'your work produced by faith'

라고 표현합니다. '믿음으로 나타낸 역사'라는 뜻입니다. 그들에게는 믿음으로 나타낸 역사, 믿음으로 감당했던 역사가 있었습니다. 그들은 믿음으로만 감당할 수 있고, 볼 수 있고, 믿음으로만 이룰 수 있는 일들을 이루고 열매를 맺었습니다. 이것은 어떤 상황이나 환경에 묶이지 않고, 그 한계를 뛰어넘어서 하나님의 역사를 이루는 것을 말합니다. 이것이 하나님께 기쁨과 감동이 된 것입니다.

우리는 예수님을 믿음으로 구원을 받고 하나님의 교회가 되었습니다. 그런데 성경은 그 믿음이 단순히 우리가 구원받기 위한 것만이 아님을 분명히 가르쳐줍니다.

너희는 그 은혜에 의하여 믿음으로 말미암아 구원을 받았으니 이것은 너희에게서 난 것이 아니요 하나님의 선물이라 행위에서 난 것이 아니니 이는 누구든지 자랑하지 못하게 함이라 우리는 그가 만드신 바라 그리스도 예수 안에서 선한 일을 위하여 지으심을 받은 자니 이 일은 하나님이 전에 예비하사 우리로 그 가운데서 행하게 하려 하심이니라 엡 2:8-10

믿음으로 구원을 얻는 데서 끝나는 것이 아닙니다. 그 믿음으로 말미암아 하나님이 우리를 통해 이루시고자 하는 선한 일이 있습니다. 우리는 그 일을 위해 지음 받았다는 것입니다. 즉, 믿음에는 믿음으로만 감당할 수 있는 분명한 역사가 따라야 한다는 것입니다.

'믿음 장'이라 불리는 히브리서 11장에 나오는 사람들은 모두 평범한 사람들이었습니다. 그런 그들이 믿음으로 말미암아 무엇을 했습니까?

그들은 믿음으로 나라들을 이기기도 하며 의를 행하기도 하며 약속을 받기도 하며 사자들의 입을 막기도 하며 불의 세력을 멸하기도 하며 칼날을 피하기도 하며 연약한 가운데서 강하게 되기도 하며 전쟁에 용감하게 되어 이방 사람들의 진을 물리치기도 하며 여자들은 자기의 죽은 자들을 부활로 받아들이기도 하며 또 어떤 이들은 더 좋은 부활을 얻고자 하여 심한 고문을 받되 구차히 풀려나기를 원하지 아니하였으며 히 11:33-35

평범한 그들이 믿음으로 말미암아 놀라운 일들을 이루었습니다. 하나님의 이적과 기사와 역사를 이루었습니다. 엄청난 핍박을 감당해냈습니다. 믿음으로 나라들을 이기기도 했고, 사자의 입을 막기도 했습니다. 어떤 사람들은 믿음 때문에 죽게 되었지만, 더 좋은 부활을 얻기 위해 죽음도 마다하지 않고 끝까지 믿음의 역사를 이루어냈습니다. 이것이 하나님께 기쁨이 되는 믿음의 모습이었습니다.

데살로니가교회가 보인 믿음의 역사

성경에는 믿음의 역사를 이룬 데살로니가교회의 교인들의 모습이 잘 나와 있습니다. 먼저 그들은 핍박 중에도 인내한 사람들이었습니다.

형제들아 너희가 그리스도 예수 안에서 유대에 있는 하나님의 교회들을 본받은 자 되었으니 그들이 유대인들에게 고난을 받음과 같이 너희도 너희 동족에게서 동일한 고난을 받았느니라

살전 2:14

사도 바울은 그들에게 "너희도 너희 동족에게서 동일한 고난을 받았다"라고 언급했습니다. 그들은 고난과 환난과 핍박을 받았지만 그 가운데서도 믿음을 지켜냈습니다. 믿음의 역사를 보인

것입니다.

그뿐만이 아닙니다. 그들은 여러 유혹에도 흔들리지 않고 주 안에 굳게 서 있었습니다.

그러므로 너희가 주 안에 굳게 선즉 우리가 이제는 살리라

살전 3:8

이 말은 여러 흔들릴 만한 유혹들이 있었음에도 흔들리지 않고 믿음으로 굳게 서는 믿음의 역사를 보였다는 것입니다. 영어성경 (NIV)은 이렇게 표현합니다.

For now we really live, since you are standing firm in the Lord.

또한 그들은 열악한 상황에서도 다른 여러 교회에 모범이 되었습니다.

또 너희는 많은 환난 가운데서 성령의 기쁨으로 말씀을 받아 우리와 주를 본받은 자가 되었으니 그러므로 너희가 마게도냐와

아가야에 있는 모든 믿는 자의 본이 되었느니라 주의 말씀이 너희에게로부터 마게도냐와 아가야에만 들릴 뿐 아니라 하나님을 향하는 너희 믿음의 소문이 각처에 퍼졌으므로 우리는 아무 말도 할 것이 없노라 살전 1:6-8

데살로니가교회는 여러 핍박과 유혹을 받았음에도, 마게도냐와 아가야에 있는 모든 믿는 자들의 본이 되었습니다. 그 믿음의 소문은 각 처로 퍼져 나갔습니다. 이것이 데살로니가교회가 보여준 믿음의 역사였습니다.

그런데 그들과 동일하게 예수님의 피 흘리심 안에서 교회 된 우리의 모습은 어떻습니까? 오늘을 사는 우리 역시 여러 가지 어려운 상황에 직면합니다. 쉴 새 없이 닥쳐오는 어려움 속에서 믿음을 지켜내기가 쉽지 않습니다. 남들이 모르는 아픔이 우리 가정에 있을 수 있습니다. 남들이 보지 못하는 갈등이 우리 공동체에 있을 수 있습니다.

그럴 때 나 혼자 살아남는 데 급급하고, 오늘 하루 살아내기도 버겁게만 생각하지는 않습니까? 그러나 그럴 때에도 우리는 믿음의 역사를 보여야 합니다. 그런 모든 상황 가운데서도 모범이 되는 교회, 소망이 되는 교회가 있었음을 기억해야 합니다. 그것이 우리에게 믿음이 주어진 이유입니다.

우리에게는 하나님나라의 복음을 온 땅에 전파하고 모든 족속으로 제자를 삼으라는 예수님의 명령을 완수해야 할 임무가 있습니다. 그 명령을 따르기 위해 애쓰는 것이 믿음의 역사입니다. 그런 역사가 우리에게 있어야 합니다.

가장 어두운 곳에서 부흥을 예비하신다

우리가 처한 현실은 점점 어려워져만 갑니다. 한번 꺾인 경제는 다시 회복할 기미가 보이지 않고, 그 때문에 많은 사람들이 고통을 받고 있습니다. 그러면서 교회도 함께 힘들어졌습니다. 그런 열악한 상황이라고 해서 현 상태를 겨우 유지하는 정도만을 바라며 옛날의 영광만을 추억해서는 안 됩니다. 그래서는 믿음의 역사가 일어날 수 없습니다.

열악한 상황에서 보여지는 믿음의 역사가 진짜입니다. 데살로니가교회가 그랬습니다. 그들은 극심한 핍박과 끊임없는 믿음의 도전과 유혹 가운데 있었습니다. 그러나 그런 가운데서도 흔들리지 않고 굳건히 서서 믿음의 역사를 보여주었습니다.

2008년 제가 미국 남가주 사랑의교회에서 사역할 때 미국에 크

나큰 경제위기가 닥쳤습니다. 그때 심각한 경제난으로 힘들어하는 성도들을 정말 많이 봤습니다. 특히 남가주 지역의 오렌지카운티는 주택시장의 거품이 심했기 때문에 그 여파가 굉장했습니다. 하루아침에 집값이 반토막이 났습니다. 그러다보니 대부분의 재산이 집에 묶여 있던 이민자들은 정말 큰 타격을 받았습니다.

하루가 멀다 하고 교인들이 쓰러지고 넘어지는 모습을 봐야 했습니다. 그 모습을 보면서 정말 가슴이 아팠습니다. 낙심하는 성도들을 보면서 '어떻게 하면 이들에게 힘을 주고 격려할 수 있을까' 고민하고 기도하다가 룻기 강해를 시작했습니다. 모압으로 건너갔다가 완전히 망해서 돌아온 룻과 나오미, 그리고 그들의 열악한 상황을 잊지 않으시고 신실하심으로 그들을 돌보시는 하나님의 이야기가 담긴 룻기를 통해 성도들을 위로하고자 했습니다.

그런데 제게도 놀라운 은혜와 깨달음이 있었습니다. 룻기 전체에는 그분의 백성들의 배고픔과 아픔과 울부짖음을 잊지 않으시고 아버지의 마음으로 돌보시며 인도하시는 하나님의 손길이 담겨 있습니다. 그런데 룻기 마지막 부분을 강해하면서 정말 큰 충격을 받았습니다.

베레스의 계보는 이러하니라 베레스는 헤스론을 낳고 헤스론은

람을 낳았고 람은 암미나답을 낳았고 암미나답은 나손을 낳았
고 나손은 살몬을 낳았고 살몬은 보아스를 낳았고 보아스는 오
벳을 낳았고 오벳은 이새를 낳고 이새는 다윗을 낳았더라

룻 4:18-22

이처럼 룻기는 족보로 마무리됩니다. 처음에는 그저 룻이 과부
로 돌아오면서 끝날 수밖에 없었던 가문이 보아스를 통해 이어지
고 보전되었다는 것을 보여주기 위해 기록된 것으로만 생각했습
니다. 하지만 강해설교를 준비하면서 깊이 묵상하는 가운데 새
롭게 보게 된 것은 그 족보의 끝이 '다윗'이라는 점입니다. 영어성
경(NIV)으로 보면 더욱 놀랍습니다. 룻기의 가장 마지막 단어는
바로 '다윗'입니다.

Obed the father of Jesus, and Jesus the father of David.

룻기는 현실적으로나 영적으로 힘들고 어두웠던 사사 시대 때
특별히 더 어려웠던 두 사람, 룻과 나오미가 어떻게 하나님의 도
움을 받았는지, 하나님이 그들을 버리지 않으시고 어떻게 기억하
셨는지에 대한 이야기만이 아닙니다. 저는 룻기의 마지막이 다윗

으로 끝나는 것을 보고 하나님께서 가장 어두운 때에 부흥을 바라보고 계셨음을 깨달았습니다.

영적으로 어둡고 혼란스러웠던 사사 시대를 지나고 다윗을 통해 부흥이 일어납니다. 이스라엘에 다시 한 번 찬양과 예배가 살아나고, 하나님의 율법을 두려워하며, 하나님을 경외하는 올바른 신앙의 부흥이 일어납니다. 하나님은 룻기의 계보를 통해 어두웠던 사사 시대에 곧 도래할 부흥을 보여주고 계셨던 것입니다.

또한 신약성경도 "아브라함과 다윗의 자손 예수 그리스도의 계보라"(마 1:1)라는 말씀으로 시작됩니다. 그러니 룻기는 다윗을 통해 주시는 이스라엘의 부흥뿐만 아니라 다윗의 자손 예수를 통해 온 세계에 주시고자 하는 하나님의 부흥을 전하고 있는 것입니다.

이것이 룻기에서 주시는 하나님의 메시지라는 것을 깨닫고 정말 깜짝 놀랐습니다. 우리 역시 그런 꿈을 가지고 살라는 하나님의 메시지입니다. 하루하루 남의 도움을 받으며 살아가기도 힘겨운 열악한 상황에 처해 있는 두 사람의 이야기를 통해, 단순히 구제 받고 도움 받는 것이 아니라 하나님의 세계적인 부흥을 기대하는 꿈과 믿음의 역사를 소망하라는 메시지입니다.

영국의 가장 서쪽에 위치한 랜즈엔드(Land's end, 땅의 끝)라는 지역이 있습니다. 중세 시대 때는 이곳이 유럽의 땅 끝으로 여겨졌습니다. 더 이상 갈 곳이 없었고 그 뒤로는 바다만 보였습니다. 그래서 그곳이 '땅 끝'이라고 불리는 경계선이 되었습니다.

그런데 아주 극소수의 사람들은 다르게 생각했습니다. 랜즈엔드가 땅 끝이 아니라 '새로운 시작'이라는 생각을 한 것입니다. 대다수의 사람들에게 끝이라고 여겨졌던 그곳이 그들에게는 새로운 시작을 가능하게 하는 장소로 보였습니다.

그들은 거기에서 대서양을 향해 새로운 도전을 시작합니다. 그 결과 신대륙 아메리카를 발견하고 신세계를 건설한 주인공이 되었습니다.

인생을 살아가다 보면 앞이 안 보일 때가 종종 있습니다. 아무리 둘러봐도 캄캄합니다. 모든 게 다 무너졌습니다. 다시 일어설수 있는 어떤 가능성도 보이지 않습니다. 랜즈엔드라고 말할 수밖에 없는 상황입니다. 하지만 그런 때에도 하나님의 신실하심은 여전히 살아 있습니다. 여전히 우리를 돌보고 계시고, 우리와 함께하십니다. 그분이 우리의 하나님이십니다.

하나님은 우리를 돌보시는 신실하심을 넘어 우리를 통해 믿음의 역사를 일으켜 새로운 부흥의 불길이 타오르게 하길 원하십니다. 가장 어두웠던 사사 시대에 다윗을 통한 부흥을 꿈꾸시고 가르쳐주셨던 것처럼 말입니다. 이것이 믿음의 역사입니다.

하나님은 우리가 더 이상 열악한 상황을 변명으로 삼는 것을 원하지 않으십니다.

'너무 힘들다. 더 이상 아무것도 안 보인다.'

우리는 이렇게 낙심하고 변명하는 대신 하나님께 감동이 되고 감격이 되는 교회가 되기 위해, 세상에 소망과 희망이 되는 교회가 되기 위해 환경을 딛고 일어서야 합니다. 그래서 믿음의 역사를 이루어야 합니다. 그것이 지금 우리에게 주시는 하나님의 메시지입니다.

성령님과 동행하라

데살로니가교회를 통해 믿음의 역사를 이룰 수 있는 두 가지 실질적인 방법들을 살펴볼 수 있습니다.

첫째, 성령님과 동행하십시오. 핍박과 유혹으로 힘겹고 열악했던 상황 속에서 데살로니가교회는 어떻게 믿음의 역사를 보였습니까?

이는 우리 복음이 너희에게 말로만 이른 것이 아니라 또한 능력과 성령과 큰 확신으로 된 것임이라 우리가 너희 가운데서 너희를 위하여 어떤 사람이 된 것은 너희가 아는 바와 같으니라

살전 1:5

데살로니가교회 성도들에게는 복음이 말로만 아니라 능력과 성령과 큰 확신으로 이르렀습니다. 그들에게 있었던 믿음의 역사는 성령의 역사로 가능했습니다.

믿음의 역사는 성령의 역사가 아니면 불가능합니다. 사도 바울은 데살로니가교회에 보내는 첫 번째 편지를 마치며 이렇게 당부합니다.

성령을 소멸하지 말며 살전 5:19

영어성경(NIV)에는 "Do not put out the Spirit's fire"라고 표현되어 있습니다. 성령의 불을 끄지 말라는 뜻입니다. 하나님의 영이신 성령께서 믿는 자들을 통해 믿음의 역사를 일으키시는데, 그 성령의 불을 끄는 어리석은 일을 하지 말라는 것입니다.

데살로니가교회가 가졌던 믿음의 역사의 열쇠(Key)는 무엇입

니까? 그들이 성령의 역사를 사모하고 그 성령의 불을 소멸하지 않고 믿음으로 받았을 때 성령과 함께 큰 확신으로 복음을 받을 수 있었습니다. 믿음의 역사를 경험하려면 성령님을 사모해야 합니다. 성령의 충만함을 간구하고 소망하며 간직해야 합니다.

과거의 영광이 아닌 오늘의 영광을 보라

예수님은 요한복음에서 이렇게 말씀하셨습니다.

명절 끝날 곧 큰 날에 예수께서 서서 외쳐 이르시되 누구든지 목마르거든 내게로 와서 마시라 나를 믿는 자는 성경에 이름과 같이 그 배에서 생수의 강이 흘러나오리라 하시니 이는 그를 믿는 자들이 받을 성령을 가리켜 말씀하신 것이라 (예수께서 아직 영광을 받지 않으셨으므로 성령이 아직 그들에게 계시지 아니하시더라)

요 7:37-39

이 말씀에서 '명절 끝날 곧 큰 날'은 초막절을 가리킵니다. 초막절은 오래전 조상들이 광야에서 천막을 치고 살았을 때 하나님이 함께하신 것을 기억하며 기념하는 이스라엘의 절기입니다. 초막절이 되면 이스라엘 백성들은 일주일 동안 온 가족이 함께 모여 축하하다가 8일째 되는 날에 성전에 모여 함께 감사의 예배를 드렸습니다.

이스라엘 백성에게 초막절의 의미는 무척 특별합니다. 그들은 출애굽한 후 광야에서 40년 동안 천막을 치고 살았습니다. 사막에서 천막을 치고 사는 처음 며칠은 무척 낭만적일지 모르지만 계속해서 그렇게 살아야 한다면 굉장히 힘들 겁니다. 매일 똑같이 반복되는 일상이 지겹고 어려웠을 것입니다. 또 이스라엘 백성들이 오죽 불평이 많았습니까?

그러나 딱 한 가지, 그들 마음에 감동을 주었던 것은 그들이 친 여러 천막들 한가운데 있던 성막이었습니다. 성막 안에는 여호와의 법궤가 있었는데, 낮에는 구름 기둥으로 밤에는 불기둥으로 하나님의 임재가 항상 목도되는 곳이었습니다. 40년이나 광야생활이 지속되는 동안 이스라엘 백성들에게 하나님의 임재가 보이는 성막은 큰 위로가 되었습니다.

'끝날 것 같지 않은 지긋지긋한 광야생활. 한두 해도 아니고 벌써 10년째, 20년째 계속되고 있지만, 그래도 우리 가운데는 하나님이 함께 계신다!'

그래서 이스라엘 백성들은 초막절을 큰 명절로 삼고 자기 백성을 버리지 않으시는 하나님, 늘 함께하시며 지켜주시는 하나님을 기억하기 원했습니다. 이전에 광야에 함께하셨던 하나님이 광야 같은 이 세상에서 나그네 삶을 살고 있는 현재의 자신들과도 여전히 함께하신다는 것을 기억하기 원했습니다. 이것이 초막절의 의미입니다.

그런데 바로 그 초막절의 마지막 날에 예수님은 사람들 앞에 서서 이런 말씀을 하셨습니다.

"누구든지 목마르거든 내게로 와서 마셔라. 나를 믿는 자는 성경에 이름과 같이 그 배에서 생수의 강이 흘러나오리라."

이 말씀은 무슨 뜻입니까?

이스라엘 백성들은 초막절을 지내며 과거를 회상했습니다. 과거에 우리 조상들과 천막을 치고 함께하셨던 하나님을 기억했습니다. 과거를 바라보면서 과거에 있었던 영광을 바라보았습니다. 그런 이스라엘 백성들에게 예수님은 "더 이상 과거를 보지 말라. 내가 여기 있다"라고 말씀하시는 것입니다.

과거의 성막은 무척 영광스러웠지만 거기엔 한 가지 부족한 것이 있었습니다. 그것은 인격적이지 않았다는 것입니다. 아무리 성막 안에 여호와의 법궤가 놓여 있고, 불기둥과 구름 기둥이 항상 임했어도 그것은 성막일 뿐입니다. 인격적이지 않습니다. 그러나 하나님의 말씀이 성육신(成肉身)하여 예수님으로 오셨습니다. 그래서 사도 요한은 요한복음을 시작하면서 이렇게 이야기합니다.

> 말씀이 육신이 되어 우리 가운데 거하시매 우리가 그의 영광을 보니 아버지의 독생자의 영광이요 은혜와 진리가 충만하더라
> 요 1:14

구약 시대에는 인격적으로 알 수 없고 만날 수도 없었던 하나님의 영광이 너무나 영광스럽고 존엄하였기에 그분의 임재가 있었던 성막이 큰 감동을 주었을지는 몰라도 비인격적인 존재였습니다. 그런데 그 성막이 예수 그리스도로 우리 가운데 오신 것입니다. "우리 가운데 거하시매"를 원어로 보면 "우리 가운데 텐트(헬, 스케노오)를 치고 오심에"라고 되어 있습니다. 우리 가운데 직접 장막을 치고 오신 것입니다.

그래서 예수님은 지나간 영광만 생각하지 말고 그 영광이 결단코 줄 수 없는 오늘의 더 큰 영광, 하나님의 말씀이 육신을 입고 살과 뼈와 피와 물이 되어 우리 가운데 오심으로 우리가 그분의 영광을 보고 만지고 알 수 있게 된 것을 바라보라고 말씀하십니다. 그것이 예수님의 영광입니다. 즉, 과거의 영광에서 시선을

옮겨 현재의 더 큰 영광을 바라보라는 것입니다. 이것이 초막절의 진정한 의미입니다.

배에서 생수의 강이 흘러나오리라

그런데 여기서 끝나지 않습니다. 예수님은 누구든지 자신에게 와서 마시면 "배에서 생수의 강이 흘러나오게 되리라"라고 말씀하십니다. 이것은 성령을 가리켜 하신 말씀입니다.

우리 가운데 육체를 입고 오신 그분을 우리가 먹고 마심으로 그분으로 가득 채워졌을 때, 우리는 하나님의 영광을 알게 될 뿐만 아니라 우리 배에서 생수의 강이 흘러나올 것이라고 말씀하십니다.

예수님이 약속하신 대로 예수님이 영광을 받으시고 승천하신 후 사도행전 2장에 나오는 성령의 시대가 시작됩니다. 요엘서 2장에서 예언하신 대로 아버지 세대와 청년 세대와 자녀 세대에 성령이 임하여 그들이 하나님의 꿈과 환상을 가지고 하나님의 말씀으로 예언하게 되는 엄청난 성령 시대가 시작된 것입니다.

그 후에 내가 내 영을 만민에게 부어주리니 너희 자녀들이 장래

일을 말할 것이며 너희 늙은이는 꿈을 꾸며 너희 젊은이는 이상
을 볼 것이며 욜 2:28

지금 우리는 그 시대에 살고 있습니다. 그러니 예수님은 과거의
영광에만 매여 있을 것이 아니라 예수님을 통해 더 큰 영광을 알
라고 말씀하고 계십니다. 게다가 아는 데서 그치는 것이 아니라
더 큰 하나님의 영광 가운데 성령으로 말미암아, 성령과 함께 온
세상에 복음을 선포하는 하나님의 백성이 되라고 하십니다. 그것
을 위해서 예수님이 성령을 가르치시는 것입니다.

담대히 복음을 전하기 위해

사도행전에는 '성령이 충만하게 임했다'는 말씀이 아홉 번 나옵
니다. 그런데 그때마다 연결되는 말씀이 '그들이 담대히 예수를
전했더라'라는 것입니다. 이 두 말씀은 항상 같이 나오고 있습니
다. 우리는 이 두 말씀을 통해 성령이 왜 우리에게 오셨는지 알 수
있습니다. 바로 성령의 오심과 그 능력으로 예수 그리스도의 이름
을 온 세상에 전파할 수 있도록 하기 위해서입니다.

우리가 잘 아는 사도행전 말씀 그대로입니다.

오직 성령이 너희에게 임하시면 너희가 권능을 받고 예루살렘과 온 유대와 사마리아와 땅 끝까지 이르러 내 증인이 되리라 하시니라 행 1:8

생수의 강이 흐르는 곳마다 생명이 살아나는 것처럼, 성령께서 우리를 통해 하나님의 생명을 흘려보내시겠다고 말씀하십니다.

그런데 문제는 오늘날 우리가 성령을 사모하지 않는다는 것입니다. 성령에 대해 알려고도 하지 않습니다. 많은 사람들이 성령을 그저 지나간 영광으로 치부합니다. 교회들도 마찬가지입니다.

'과거에 내가 어떻게 성령 충만했는데…!'

'과거에 우리 교회에 어떤 부흥이 있었는데…!'

그러나 예수님은 이렇게 말씀하십니다.

"과거만 보지 말아라. 오늘 더 큰 영광이 너희 앞에 있다. 예수 그리스도로 말미암아 주어지는 하나님의 영광은 오늘로 끝나는 것이 아니다. 우리는 장차 성령으로 말미암아 이전에는 전혀 알지 못했던 더 큰 일, 예수님이 하신 일보다 더 큰 일을 행하게 되리라!"

믿음의 역사는 성령님과 동행하는 삶입니다. 따라서 우리는 성령님을 사모해야 합니다. 그리고 우리 교회가 믿음의 역사로 충만하려면 성령을 사모해야 합니다. 성령을 사모하는 데 매우 중요한 몇 가지가 있습니다. 그것은 말씀과 기도와 찬양과 회개입니다.

오순절 다락방에서도 사람들이 말씀을 듣고 회개하며 예배했을 때 성령이 임했습니다. 또한 우리가 떡을 떼며 진실한 교제를 나눔으로써 믿는 자들이 계속 일어나야 합니다. 성령 충만한 백성들로 양육되어야 합니다. 우리를 통해 온 세상에 하나님의 생명이 흐를 수 있도록 성령님과 함께 움직일 때 우리에게 믿음의 역사가 일어날 것입니다.

그 자리에서 충성하라

둘째, 자신에게 주어진 자리에서 하나님께 충성하십시오. 데살로니가교회 성도들이 그랬습니다. 그들은 주어진 자리에서 하나님께 충성하는 백성들이었습니다. 이것이 데살로니가교회에 일어났던 믿음의 역사의 또 한 가지 열쇠입니다.

또 형제들아 너희를 권면하노니 게으른 자들을 권계하며 마음이 약한 자들을 격려하고 힘이 없는 자들을 붙들어주며 모든 사람

에게 오래 참으라 살전 5:14

사도 바울은 연약하고 결핍된 자리에 있는 사람들을 일으켜서 그들이 서 있는 그 자리에서 충성된 하나님의 사람들이 되게 하라고 말합니다. 이어지는 말씀은 우리가 잘 아는 말씀입니다.

항상 기뻐하라 쉬지 말고 기도하라 범사에 감사하라 이것이 그리스도 예수 안에서 너희를 향하신 하나님의 뜻이니라 살전 5:16-18

주어진 환경이 어떠하든지 그 자리에서 항상 기뻐하고 쉬지 말고 기도하고 범사에 감사하며, 그 자리에서 하나님께 충성하는 것이야말로 하나님의 뜻입니다. 그런 가운데 믿음의 역사가 주어집니다.

세상에서 말하는 형통은 성공입니다. 소위 잘나가는 것을 뜻합니다. 그런데 성경에서 말하는 형통은 다릅니다. 요셉을 보면 '형통'이란 단어의 성경적 의미가 무엇인지 알 수 있습니다. 그는 하나님의 꿈을 가지고 살다가 그 꿈 때문에 형들에게 미움을 받고 타국에 종으로 팔려갑니다. 하지만 성경은 그렇게 애굽으로 팔려가 종살이를 하고 있는 요셉을 두고 '하나님이 그와 함께하시니 형통하다'고 합니다.

또 요셉은 하나님 앞에서 순결을 지키려다가 자신의 주인이자 애굽 왕의 친위대장인 보디발의 부인에게 모함을 받아 감옥에 들어가게 됩니다. 그때도 성경은 '하나님이 감옥에 있는 요셉과 함께하시니 요셉이 형통하다'고 합니다.

즉, 성경에서 말하는 형통은 바로 하나님이 함께하시는 것입니다. 내게 주어진 환경과는 상관없습니다. 사실 하나님이 가지고 계셨던 전체적인 그림 안에서 보면 요셉이 애굽에 팔려가고 감옥에 갔기 때문에 훗날 애굽의 국무총리가 될 수 있었습니다. 그런 시련들이 없었다면 애굽의 국무총리가 되는 일도 없었을 것입니다. 그러나 그 모든 순간순간, 요셉은 자신에게 일어난 모든 상황들을 도저히 이해할 수 없었을 것입니다.

이처럼 전체적인 그림 안에 있지만 세부적인 순간순간들이 너무나 힘들고 이해가 안 될 때가 있습니다. 그러나 그 순간 속에 여전히 하나님이 함께하신다면 그것이 형통입니다. 성경은 이것을 말씀하고 있습니다.

요셉의 삶을 보면 이렇게 말할 수 있을 것 같습니다.

"인생은 좋지 않지만 하나님은 좋으시다."

요셉의 인생이 어땠습니까? 이렇게 억울하고 아픈 일이 또 어디 있습니까? 그의 인생은 결코 선하지 않았습니다. 그러나 하나님은 여전히 선하십니다. 왜냐하면 그 세부적인 상황 속에 여전히 함께하시며 그 순간순간들을 모아 큰 그림을 그려나가시기 때문입니다.

그래서 중요한 것이 우리가 처한 환경이 어떠하든지 하나님과 동행하는 것입니다. 그것은 그 자리에서 하나님께 충성한다는 것입니다. 하나님과 동행하고 있기 때문에 지금 서 있는 그 자리에서 하나님께 충성하는 것입니다.

요셉은 그 자리에서 자신의 상황을 본 것이 아니라 위를 보았습니다. 하나님을 보았습니다. 하나님을 바라보고 하나님과 동행했습니다. 그 다음 요셉의 할 일은 그 자리에서 충성되게 일하는 것이었습니다. 그래서 그는 보디발의 집에서 충성되게 일했고, 감옥에 있을 때에도 그 자리에서 충성했습니다.

우리 각자에게도 주어진 자리가 있습니다. 어떤 사람에게는 그 자리가 힘들 수도 있습니다. 그러나 하나님의 말씀에 순종하여 그 자리에서 항상 기뻐하고, 쉬지 말고 기도하고, 범사에 감사해야 합니다. 그 자리에서 하나님과 동행하며 그분을 섬겨야 합니다. 우리의 환경을 바라보거나, 우리 자신만 바라보는 게 아니라 하나님을 바라보아야 합니다. 우리 자신을 바라보면 자꾸 무너집니다. 그러나 하나님을 보고, 주변을 바라보며 '이제 내가 할 일이 무엇인가'를 살필 때 그 자리에서 충성할 수 있는 것입니다.

데살로니가교회 성도들은 이런 삶을 살면서 믿음의 역사를 이루었습니다. 우리의 삶 가운데서, 가정에서, 교회에서 하나님이 기뻐하시는 이 믿음의 역사가 회복되기를, 더 영광스럽게 이루어지기를 바랍니다.

성경은 예수님이 우리를 사랑하신 것같이

서로 사랑하라고 하십니다.

그렇게 우리가 서로 사랑하면 우리가 주님의 제자인 것을

세상이 알 것이라고 말씀하십니다.

사랑은 믿음과 함께 반드시 보여져야 하는 열매입니다.

주님의 성숙한 교회에는 반드시 이 모습이 있어야 합니다.

그러기 위해서는 나부터 시작해야 합니다.

내가 먼저, 우리가 먼저 사랑을 보여야 합니다.

말로만이 아니라
행동으로 사랑하라

03

데살로니가전서 1장 2-4절

우리가 너희 모두로 말미암아 항상 하나님께 감사하며 기도할 때에 너희를 기억함은 너희의 믿음의

역사와 사랑의 수고와 우리 주 예수 그리스도에 대한 소망의 인내를 우리 하나님 아버지 앞에서 끊

임없이 기억함이니 하나님의 사랑하심을 받은 형제들아 너희를 택하심을 아노라

교회로 주의 영광을 보게 하라

하나님께서 교회에게 주시는 말씀들을 받고 묵상할 때마다 제 가슴은 정말 뜨거워집니다. '하나님께서 교회를 이렇게 사랑하시는구나!' 하는 하나님의 마음이 느껴지기 때문입니다. 사실 현실 속의 교회는 문제가 많습니다. 우리가 문제 많은 사람들이기 때문입니다.

한 교회의 담임목사로 섬기고 있는 저도 아무도 알지 못하는, 심지어 가족들도 모르는 제 내면의 더럽고 흉한 모습들을 발견할 때마다 얼마나 좌절이 되는지 모릅니다. 그러나 하나님께서는 저처럼 부족한 사람을 불러주셔서 교회를 섬기게 하시고, 그 교회를 사랑한다고 거듭 말씀해주시니 그 감격을 어떻게 말로 표현하겠습니까?

하나님께서는 교회를 주님의 신부로 불러주셨습니다. 그리고 마침내 깨끗게 하시고 영광스럽게 해주시겠다고 말씀하셨습니다. 그것을 위해 예수님의 피 값으로 교회를 사셨고, 그 교회를 섬길 주님의 종들을 세우십니다. 이 모든 것이 주님의 몸 된 교회를 위해서입니다.

에베소서 4장에 교회에 사도들과 선지자들, 전도자들과 목사와 가르치는 자들을 세우시는 이유가 분명히 나와 있습니다.

그가 어떤 사람은 사도로, 어떤 사람은 선지자로, 어떤 사람은 복음 전하는 자로, 어떤 사람은 목사와 교사로 삼으셨으니 이는 성도를 온전하게 하여 봉사의 일을 하게 하며 그리스도의 몸을 세우려 하심이라 엡 4:11,12

하나님의 몸 된 교회들을 온전하게 하고 섬기기 위해, 그래서 그리스도의 몸을 세우도록 하기 위해서 사도와 선지자와 전도자와 목사와 교사가 세워졌습니다. 정말 놀라운 말씀입니다. 우리는 성도들을 양육해야 합니다. 왜냐하면 그들, 곧 하나님의 사람들이 '교회'이기 때문입니다.

예수님의 영광을 본 사람들은 "우리가 그의 영광을 보니 아버지의 독생자의 영광이요 은혜와 진리가 충만하더라"(요 1:14)라고 감탄하겠지만, 예수님은 지금 하나님의 보좌 우편에 앉아 계십니다.

우리의 신앙고백 역시 마찬가지의 사실을 언급합니다.

"장사한 지 사흘 만에 죽은 자 가운데서 다시 살아나시며, 하늘에 오르사, 전능하신 하나님 우편에 앉아 계시다가, 저리로서 산 자와 죽은 자를 심판하러 오시리라."

그때, 곧 장차 산 자와 죽은 자를 심판하러 오실 때에는 우리가 예수님을 직접 뵐 수 있지만, 지금은 어떤 방법을 써도 예수님을 직접 뵐 수가 없습니다. 그래서 하나님은 지금은 볼 수 없는 예수님, 영광 자체로 오신 예수님을 그분의 몸인 교회를 통해 보여주시겠다고 말씀하십니다. 이것이 하나님이 교회에 맡기신 계획이자 교회를 향해 주신 말씀입니다.

주님의 충만함 자체

사도 바울은 에베소서에서 교회에 대해 이렇게 말했습니다.

교회는 그의 몸이니 만물 안에서 만물을 충만하게 하시는 이의 충만함이니라 엡 1:23

교회는 예수 그리스도의 몸이며, 만물 안에서 만물을 충만하게 하시는 주님의 충만함 그 자체입니다. 정말 놀라운 말씀입니다. 만물 안에서, 곧 하늘과 땅에 있는 모든 것 가운데서 그 모든 것을 충만하게 하시는 주님의 충만함이 그분의 몸인 교회라는 것입니다.

우리는 교회에 대해 어떻게 생각합니까? 우리도 교회를 이렇게 대단한 존재로 보고 있습니까? 교회를 어떻게 보느냐에 따라 우리의 신앙이 완전히 달라집니다. 오늘날 많은 사람들이 교회를 그저 건물이나 어떤 조직체로 생각합니다. 그러나 성경 어디에도 그런 말씀은 없습니다. 성경은 교회가 그리스도의 몸이요 하나님의 사람들이라고 가르칩니다.

교회는 사람입니다. 구원받은 하나님의 사람들입니다. 사람들을 통해 온 세상에 주님의 충만함을 충만하게 하시려는 것이 하나님의 뜻입니다. 우리는 이것을 위해서 교회로 부름 받은 것입니다. 따라서 교회 된 우리는 우리가 사는 이 세상에 하나님의 빛을 비추는 빛이자 주님의 소금이 되어야 합니다. 주님의 생명이 되어서 그 생명을 전달해줄 수 있는 교회가 되어야 합니다.

만일 교회를 건물과 조직체 정도로만 생각한다면, 교회 건물이 세워지고 조직이 구성되는 순간 교회에는 더 이상 부족한 것이 없어질 것입니다. 다 채워졌기 때문입니다. 그러나 성경은 그렇게 말하지 않습니다. 그리스도의 장성한 분량이 충만한 데까지 계속 성장해가야 한다고 말합니다.

우리가 다 하나님의 아들을 믿는 것과 아는 일에 하나가 되어 온전한 사람을 이루어 그리스도의 장성한 분량이 충만한 데까지 이르리니 엡 4:13

주님은 교회를 이 세상에 허락하시면서 음부의 권세가 교회를 이기지 못할 거라고 말씀하셨습니다.

내가 이 반석 위에 내 교회를 세우리니 음부의 권세가 이기지 못하리라 마 16:18

음부의 권세는 지옥의 권세, 즉 마귀의 권세입니다. 이 권세는 가정을 파괴하고, 개인의 심령을 파괴하며, 음란의 영으로 세상을 조종하고, 자살의 영을 주어 생명을 파괴합니다. 이 권세에 휘둘리는 것이 우리가 살아가고 있는 이 세상의 모습입니다.

그럼에도 하나님은 이 세상을 사랑하셔서 독생자를 주시고 누구든지 그를 믿는 자마다 영생을 얻게 하셨습니다(요 3:16 참조).
그저 믿는 자들로 세우실 뿐만 아니라 주님의 몸 된 교회로, 곧
만물 안에서 만물을 충만하게 하시는 그분의 충만함으로 세우셨
습니다.

그렇다면 이제 교회가 일어나야 합니다. 교회로 부름 받고 세
움 받은 우리가 일어나야 합니다. 교회는 하나님의 희망이 되어
야 합니다. 이 어두운 세상을 밝히는 하나님의 희망이 되어야 합
니다.

교회는 세상을 향한 하나님의 희망

최근에 시편을 묵상하다가 한 말씀이 제 심령을 강하게 때리는
것을 경험했습니다.

주께서 내 마음을 넓히시면 내가 주의 계명들의 길로 달려가리
이다 시 119:32

영어성경(NIV)에는 이렇게 기록되어 있습니다.

I run in the path of your commands, for you have set my heart free.

이 말씀은 "주여, 나는 당신의 말씀의 길 위에서 달려갑니다. 내 심령을 주님이 자유롭게 하셨기 때문입니다"라는 의미입니다. 이전의 우리는 죄악과 세상의 음란에 묶여 있었습니다. 내 마음이 원하는 대로 육체를 따라 살았습니다.

그러나 주님 안에서 주시는 영광의 자유를 누린 이후에는 말씀 안에서 달려갑니다. 생명이 되시는 하나님의 말씀, 치유를 주시는 하나님의 말씀, 나를 자유케 하시는 하나님의 말씀, 내 영혼과 내 가정과 세상을 살리시는 하나님의 말씀 안에서 살 수 있는 자유를 얻게 되었기 때문입니다.

그때에 너희는 그 가운데서 행하여 이 세상 풍조를 따르고 공중의 권세 잡은 자를 따랐으니 곧 지금 불순종의 아들들 가운데서 역사하는 영이라 전에는 우리도 다 그 가운데서 우리 육체의 욕심을 따라 지내며 육체와 마음의 원하는 것을 하여 다른 이들과 같이 본질상 진노의 자녀이었더니 엡 2:2,3

이것이 예전의 우리의 상태였습니다. 그러나 바로 다음 절은 이렇게 말합니다.

긍휼이 풍성하신 하나님이 우리를 사랑하신 그 큰 사랑을 인하여 허물로 죽은 우리를 그리스도와 함께 살리셨고 (너희는 은혜로 구원을 받은 것이라) 엡 2:4,5

영어성경(KJV)으로 보면 4절이 'But God'으로 시작합니다. 우리는 진노의 자녀였지만 '그러나 하나님이' 우리를 사랑하신 그 큰 사랑으로 인해 그리스도와 함께 우리를 살리셨습니다. 그래서 우리는 그리스도의 몸 된 교회가 될 수 있었습니다. 바로 이것이 교회입니다!

교회는 주님의 말씀 안에서 누리는 자유로 어둠에 묶여 있는 세상을 향해 하나님의 희망이 되어야 합니다. 교회는 세상의 희망입니다. 세상을 향한 하나님의 희망입니다. 그러므로 희망답게, 희망처럼 살아야 합니다.

그러기 위해서는 말씀을 붙잡아야 합니다. 하나님이 주시고자 하는 성령으로 생수의 강이 넘쳐흐를 수 있도록 우리를 성령의 도구로 드려야 합니다. 그럴 때 영적으로 죽어 있는 세상의 영혼들에게 우리가 빛이 될 수 있습니다.

방향을 잘 잡아라

교회다운 교회로 일어서기 위해서 우리에게 반드시 필요한 것들이 있습니다. 앞에서 살펴본 것처럼 데살로니가교회는 사도 바울에게, 그리고 하나님에게 기쁨이 되는 교회였습니다. 감격과 감동을 주는 교회였습니다.

사도 바울은 다른 교회를 생각하면 근심이 앞서지만, 데살로니가교회만 생각하면 가슴이 뛰고 벅차서 감사가 차오른다고 고백했습니다. 물론 데살로니가교회도 완벽한 교회는 아니었지만, 방향이 올바른 교회였습니다.

올바른 방향을 잡아야 합니다. 이것이 중요합니다. 우리가 주님을 믿고 성령의 사람들이 된다고 해도 육신의 몸을 벗기 전까지는 결코 완벽해질 수 없습니다.

그렇기에 지금 완벽하진 않을지라도 우리가 전진하는 방향만큼은 확실해야 합니다. 방향만큼은 올바로 잡아야 합니다. 데살로니가교회는 그 방향이 올바르고 확실했기에 하나님께 기쁨이 되는 교회가 될 수 있었습니다.

믿음과 사랑은 함께 간다

데살로니가교회는 믿음의 역사가 있는 교회였습니다. 그리고 사랑의 수고가 있는 교회였습니다.

너희의 믿음의 역사와 사랑의 수고와 … 살전 1:3

믿음과 사랑은 항상 같이 갑니다. 데살로니가교회가 그 모습을 잘 보여주고 있습니다. 우리가 예수님을 믿는 믿음은 사랑 없이는 보여지지 않습니다. 또 우리가 진짜 믿음을 가지고 있다면 우리 안에서 사랑이 나타나게 되어 있습니다.

사도 바울의 말에서도 이를 잘 알 수 있습니다.

지금은 디모데가 너희에게로부터 와서 너희 믿음과 사랑의 기쁜 소식을 우리에게 전하고 또 너희가 항상 우리를 잘 생각하여 우리가 너희를 간절히 보고자 함과 같이 너희도 우리를 간절히 보고자 한다 하니 살전 3:6

당시 바울은 자신이 세운 교회들에 늘 관심을 가지고 있었지만, 그 교회들을 일일이 찾아갈 수는 없었습니다. 그래서 대신 제

자들을 보내 교회를 돌아보고 살피게 한 후에 보고를 받았습니다. 바울은 데살로니가교회에도 제자 디모데를 보냈습니다. 디모데를 통해 데살로니가교회에 관한 소식을 보고받은 바울은 이렇게 말합니다.

"내가 너희 교회에 다녀온 디모데의 보고를 받았는데, 그는 너희의 믿음과 사랑의 기쁜 소식을 전하고 있다."

믿음이 있으면 사랑도 자연히 보입니다. 사도 바울은 지금 데살로니가교회에 믿음과 사랑이라는 성숙한 교회로서의 확실한 증거가 있다는 사실을 보고받은 것입니다.

믿음과 사랑의 갑옷을 입어라

데살로니가교회의 믿음의 역사와 사랑의 수고는 날로날로 더욱 자라갔습니다. 데살로니가전서를 보내고 시간이 흐른 후에 쓴 편지인 데살로니가후서에서 사도 바울은 이같이 말하고 있습니다.

형제들아 우리가 너희를 위하여 항상 하나님께 감사할지니 이것이 당연함은 너희의 믿음이 더욱 자라고 너희가 다 각기 서로 사

랑함이 풍성함이니 _{살후 1:3}

세월이 지날수록 데살로니가교회의 믿음은 더욱 자라고 사랑은 더욱 풍성해졌다는 것입니다. 그곳에서는 믿음과 사랑이 같이 자라고 있었습니다. 이런 데살로니가교회를 보면서 사도 바울의 감사는 더욱 깊어졌습니다.

바울은 데살로니가전서에서 성도들을 향해 이런 조언을 한 바 있습니다.

자는 자들은 밤에 자고 취하는 자들은 밤에 취하되 우리는 낮에 속하였으니 정신을 차리고 믿음과 사랑의 호심경을 붙이고 구원의 소망의 투구를 쓰자 _{살전 5:7,8}

영적으로 자는 자들, 밤에 속한 자들은 밤에 자고 밤에 취합니다. 그러나 낮에 속한 우리는 항상 정신을 차리고 근신하여 우리 자신을 주님의 빛 가운데로 드려야 합니다. 그래야 하나님의 빛 가운데 살아갈 수 있습니다. 그러면서 가장 먼저 '믿음과 사랑의 호심경을 붙이라'고 조언합니다. 즉, 믿음과 사랑의 갑옷을 입어야 한다는 것입니다.

믿음만 있어서도 안 됩니다. 사랑만 있어서도 안 됩니다. 데살로니가교회에는 이 두 가지가 항상 함께 있었습니다. 아무리 믿음이 좋고 강할지라도 사랑이 없으면 그 믿음은 잘못된 것입니다. 그것은 하나님 앞에서 성숙한 믿음이 아닙니다. 이것이 데살로니가교회를 통해 우리에게 명확하게 전달되는 하나님의 메시지입니다.

사랑은 옵션이 아니다

예수님이 새 계명으로 우리에게 주신 말씀은 이렇습니다.

새 계명을 너희에게 주노니 서로 사랑하라 내가 너희를 사랑한 것같이 너희도 서로 사랑하라 너희가 서로 사랑하면 이로써 모든 사람이 너희가 내 제자인 줄 알리라 요 13:34,35

이는 예수님이 제자들과 함께 마지막 만찬을 나누며 주신 말씀입니다. 주님이 주신 '새 계명'은 기존의 계명에 덧붙이는 옵션 같은 것이 아닙니다. 이는 제자임을 드러내는 가장 중요한 계명입니다. 그것은 바로 "서로 사랑하라"는 것입니다.

한마디로 '사랑'입니다. 예수님이 우리를 사랑하신 것같이 서로 사랑하라고 하십니다. 그렇게 우리가 서로 사랑하면 우리가 주님의 제자인 것을 세상이 알 것이라고 말씀하십니다.

사랑은 믿음과 함께 반드시 보여져야 하는 열매입니다. 주님의 성숙한 교회에는 반드시 이 모습이 있어야 합니다. 그러기 위해서는 나부터 시작해야 합니다. 내가 먼저, 우리가 먼저 사랑을 보여야 합니다.

감정적인 사랑이 아니라 수고하는 사랑

데살로니가교회는 믿음과 함께 사랑이 드러나고 있는데, 사도 바울은 그 사랑을 가리켜 특별히 '사랑의 수고'라고 표현합니다.

너희의 믿음의 역사와 사랑의 수고와 … 살전 1:3

영어성경(NIV)에는 'your labor prompted by love'라고 표현되어 있습니다. 사도 바울이 말하는 사랑은 감정적으로 느껴지는 사랑이 아니었습니다. 사랑으로 말미암은 수고가 있는 사랑, 사랑의 노고(勞苦)를 말하는 것입니다. 데살로니가교회에는 사랑

때문에 보이는 수고의 모습이 분명히 보였다는 것입니다.

교회 안에서 보인 사랑의 수고

데살로니가전후서 전반에 걸쳐 그들이 행한 사랑의 수고가 교회 안팎에서 분명히 보이고 있습니다. 먼저 교회 안에서 그들은 이런 사랑의 수고를 보였습니다.

그러므로 피차 권면하고 서로 덕을 세우기를 너희가 하는 것같이 하라 살전 5:11

서로 권면하고 덕을 세워주는 수고가 데살로니가교회 안에 있었습니다. 교회가 주님의 몸이라면, 성도 한 사람 한 사람은 그 몸의 지체(한 부분)입니다. 몸의 지체는 서로 의존하고 의지하면서 몸을 이룹니다. 서로 세워주지 않으면 결단코 설 수 없는 것이 몸입니다.

2007년도에 제 아내가 암으로 6개월 정도 투병했습니다. 참으로 힘든 시기였습니다. 그러나 하나님의 크신 은혜가 함께한 시간들이기도 했습니다. 감사하게도 아내는 하나님의 은혜로 지금은 더 건강하고 아름다운 삶을 살고 있습니다.

그때 나름대로 외조도 하고, 성도들과 함께 기도도 하고, 암에 대해 공부도 하고, 치료법에 대해 여러 가지 검색도 했습니다. 그전까지는 성도 중에 누가 암에 걸렸다고 하면 안타까워하면서 기도는 했지만, 암에 대해 조사하거나 공부하지는 못했습니다. 그런데 아내가 암에 걸렸다고 하니 암에 대해 더 많이 알게 되고, 성도들의 신음 소리가 새롭게 들리는 경험을 했습니다. 직접 아파보니까 알게 된 것들입니다.

제가 암에 대해 공부하면서 깨달은 것은, 암은 서로를 의지해야 하는 몸의 한 지체가 자신이 속한 몸의 지체들을 완전히 외면해버렸기 때문에 생긴다는 것입니다. 몸 전체가 함께 살아야 한다는 것을 의식하지 못하고, 자기만 살겠다며 모든 영양분을 자기만 섭취하려고 하는 게 암입니다.

그런데 자기만 살려고 영양분을 독식했던 암 덩어리가 결국에는 온몸을 죽입니다. 몸이 죽으면 자신도 죽게 됩니다. 그래서 몸은 서로 의존하는 게 중요합니다. 당신이 살아야 내가 삽니다. 당신의 자녀가 축복받아야 내 자녀도 축복받습니다. 이것이 몸의 원리입니다.

혈액 속의 백혈구는 몸에서 굉장히 중요한 역할을 합니다. 물론 백혈구도 이상을 일으켜 혼자 살겠다고 하면 혈액암인 백혈병이 되지만, 본래 백혈구의 역할은 몸속에 나쁜 균이나 비정상적인 것들이 들어오면 자신을 희생함으로써 그것들을 없애는 것입니다. 그렇게 해서 몸을 살립니다. 몸을 살리기 위해 자신을 버리는 것입니다.

몸을 살리기 위해서는 자신만 아는 암세포가 아니라 자신을 희생하고 내던지는 백혈구가 반드시 필요합니다. 저는 이 같은 사실을 암 투병하는 아내를 보며 더욱 확실하게 깨달았습니다.

이 모습이 주님의 몸 된 교회의 모습입니다. 그러기 위해서는 서로 의존하고, 돌봐주고, 희생하는 사랑의 수고가 반드시 있어야 합니다.

교회 밖에서 보인 사랑의 수고

그런데 중요한 게 또 하나 있습니다. 이 같은 사랑의 수고는 교회 안에서뿐만 아니라 밖에서도 이루어져야 한다는 것입니다. 데살로니가교회가 그런 모범을 보여줍니다.

그러므로 너희가 마게도냐와 아가야에 있는 모든 믿는 자의 본이 되었느니라 살전 1:7

데살로니가교회는 교회 안에서만 사랑의 수고를 보였던 게 아니라, 그 사랑의 수고로 말미암아 교회 밖인 마게도냐 지역과 아가야 지역에 소문 난 교회였습니다.

교회 울타리 안에서만 교회가 되어서는 안됩니다. 교회는 건물이 아니라 사람이기 때문에 우리가 사는 울타리 밖의 세상에서도 교회로서 사랑의 수고를 해야 합니다.

복음서를 보면 예수님이 이 땅에 오셔서 어떤 일들을 행하셨는지 알 수 있습니다. 예수님은 세상에 오셔서 복음을 전하셨습니다. 하나님의 말씀을 가르치셨습니다. 사람들을 구원받게 하셨습니다. 또 배고픈 자들에게 먹을 것을 주시고, 병든 자들을 고쳐주셨습니다. 예수님의 사역에서 구제와 치유는 필수적인 사역이었습니다.

우리 역시 그래야 합니다. 서로를 돌아보는 사랑의 수고가 교회 안에서 뿐만 아니라 교회 밖에서도 보여져야 합니다. 우리는 교회 밖에서도 교회의 역할을 감당해야 합니다. 그런 교회가 성숙한 교회입니다.

얼마 전에 할렐루야교회 장애우 공동체인 사랑부에서 있었던 일입니다. 사랑부에 속한 한 가정에 큰 어려움이 닥쳤습니다. 부모와 세 자녀 모두 장애를 가진 무척 어려운 형편의 가정이 있었는데, 그 가정의 어머니가 날이 갑자기 추워지면서 뇌졸중으로 쓰러진 것입니다.

그 일이 사랑부 교사들과 소그룹 식구들에게 전해지면서 교우들이 사랑의 수고를 보이기 시작했습니다. 사랑부 교사들과 같은 교구 성도들의 지속적인 관심과 심방이 이어지면서 6개월 동안 치료를 잘 받을 수 있었고, 많이 호전되어 퇴원하게 되었습니다. 교회 식구들뿐만 아니라 장애인연합회 등의 도움으로 병원비와 생활비 등을 지원받게 되면서 그 가족은 새롭게 힘을 낼 수 있었습니다.

사랑부와 교구에서는 그 가정이 안정될 때까지 매월 아이들의 교육비와 생활비를 지원하기로 했고, 지속적으로 방문하여 부모님과 자녀들을 돌봐주기로 했습니다. 또 청소업체와 협력하여 집을 청소하고 도배도 새로 해서 한결 청결하고 아늑한 환경에서 지낼 수 있도록 도와주었습니다. 새롭게 단장한 집에서 함께 모여 예배드리는 사진을 보고 얼마나 큰 감동을 받았는지 모릅니다.

그 결과 세 아이들의 표정이 정말 밝아졌고, 교회의 선행이 경기도 광주시청과 장애인연합회 등 지역사회까지 알려지면서 '이것은 교회만이 할 수 있는 일'이라는 세상의 칭찬으로 연결되었습니다.

하나님이 보시기에 성숙한 교회는 이렇게 서로를 향한 사랑의 수고가 있는 교회입니다. 뿐만 아니라 세상이 볼 때도 성숙한 교회라고 인정받게 됩니다. 그럴 때 교회가 세상을 향한 하나님의 희망으로 설 수 있습니다.

More and more

이를 위해 저는 두 가지를 권면하고 싶습니다. 첫째로 '더욱 그렇게 행하라'는 것입니다. 영어로는 'more and more'입니다.

형제 사랑에 관하여는 너희에게 쓸 것이 없음은 너희들 자신이 하나님의 가르치심을 받아 서로 사랑함이라 너희가 온 마게도냐 모든 형제에 대하여 과연 이것을 행하도다 형제들아 권하노니 더욱 그렇게 행하고 살전 4:9,10

사도 바울은 데살로니가교회가 이미 서로를 사랑으로 섬기고 있다는 것을 알고 있었습니다. 그러나 "그 정도면 충분하다"고 하지 않고 "더욱 그렇게 행하라"(to do so more and more)라고 권면합니다.

저는 이 말씀이 오늘날 우리 교회들에게 주시는 말씀 같습니다. 오늘날 교회가 이만큼 세워지게 된 데는 교회를 위해서 알게 모르게 흘려진 눈물과 땀과 피가 있었습니다. 그냥 이루어지는 것은 하나도 없습니다. 이미 교회 안에 봉사와 수고가 분명히 있었다는 것입니다. 그러나 하나님은 "네가 수고한 것을 안다. 이제 그만하면 됐다"라고 하지 않으십니다. "그래, 네가 수고하고 있는 것을 안다. 더욱 그렇게 행하라"라고 하십니다.

사자성어에 '주마가편(走馬加鞭)'이란 말이 있습니다. 달리는 말에 채찍을 가해서 더 빨리 달리게 한다는 뜻입니다. 주님의 마음에는 그런 거룩한 욕심이 있으신 것 같습니다. 달리고 있는 데 살로니가교회를 더 멋지게, 더 아름답게 달리게 하시려는 하나님의 마음이 느껴집니다.

우리도 그렇게 더 달려야 합니다. '이만하면 됐다'고 그 자리에 멈춰 서서 안주하는 것이 아니라 '더욱 그렇게(more and more)' 행해야 합니다.

Overflow in Christ

둘째로, 우리 힘이 아닌 모든 복의 근원으로 감당하라는 것입니다.

또 주께서 우리가 너희를 사랑함과 같이 너희도 피차간과 모든 사람에 대한 사랑이 더욱 많아 넘치게 하사 살전 3:12

영어성경(NIV)에는 이렇게 기록되어 있습니다.

May the Lord make your love increase and overflow for each other and for everyone else, just as ours does for you.

사랑이 더욱 많아져 넘쳐흐르게 해야 합니다. 단, 주님 안에서 넘치게 해야 합니다. 'overflow in Christ', 주님 안에서, 주께서 우리를 사랑하신 것같이 넘쳐야 하는 것입니다.

주님으로 인함이 아니라 내 힘으로 무작정 인내하고 사랑하다 보면 나중에는 쓴 뿌리가 되어버립니다. 우리가 아무리 사랑해주고 인내해주어도 상대가 전혀 반응을 안 할 때가 있습니다. 또 아무리 더 많이 사랑하려고 해도 우리의 사랑에는 한계가 있기 마련입니다. 그렇기 때문에 우리 마음속에서 '이걸 언제까지 해야 해? 언제까지 인내하고 사랑해야 해?' 하는 쓴 뿌리가 생길 수 있다는 말입니다. 선한 일을 하면서 도리어 마음이 강퍅해질 수 있습니다. 그래서 이 말씀이 중요합니다.

데살로니가전서 3장 12절 말씀의 주어는 '주께서' 즉, 예수님입니다. '주께서 우리가 너희를 사랑함과 같이' 사랑이 더욱 많이 넘치게 하라고 말씀합니다. 사랑의 수고는 우리의 몫이지만 여기서 주어는 우리가 아니라 '주님'입니다. 주께서 하심으로 말미암아 주님이 주시는 힘으로 넘치게 하라는 것입니다.

예수님은 "누구든지 목마르거든 내게로 와서 마시라 나를 믿는 자는 성경에 이름과 같이 그 배에서 생수의 강이 흘러나오리라"(요 7:37,38)고 말씀하셨습니다. 우리는 보통 영혼의 근원이 '마음(heart)'이라고 생각하지만, 유대인들은 '배(belly)'라고 생각했습니다. 즉, '그 배에서 생수의 강이 흘러나온다'는 것은 근원이 마르지 않는다는 뜻입니다. 근원이 계속해서 채워지고 넘쳐난다는 것입니다.

제가 미국에서 사역했던 캘리포니아 주(남가주) 로스앤젤레스(LA)는 사막 지대로, 여름에는 진짜 비가 내리지 않습니다. 그런데 언젠가 LA에 있는 한 기도원에 가게 됐는데, 거기에 샘물이 흐르고 있는 것을 보았습니다. 그 물이 얼마나 맑은지 정말 놀랐습니다. 비가 그렇게 안 오는 여름에 말입니다.

어떻게 그럴 수 있는지 물었더니 그 기도원의 원장님이 이렇게 말했습니다.

"LA 지역에는 샘의 발원지가 세 군데 있는데, 그중에 하나가 이 곳입니다."

그곳은 깊은 땅 속에서 흐르는 강과 직접 연결되어 있었기에 가뭄이 들어도 그 샘물에서는 물이 계속 넘쳐날 수 있었습니다. 다른 강과 샘들은 근원으로부터 공급을 못 받기 때문에 다 말라 버립니다. 그러나 온 LA가 가뭄으로 마를지라도 깊은 땅 속에서 흐르는 강과 직접 연결된 그 샘물은 마르지 않고 계속해서 물이 흐른다는 것입니다.

우리 마음이 그렇게 될 수 있습니다. 교회 안에서, 교회 밖에서 주님의 일을 하고, 사랑의 수고를 하다가 마음이 완전히 메마를 수 있습니다. 그래서 중요한 것이 'Overflow in Christ(주님 안 에서 넘치게 하라)'입니다. 주님으로 말미암아 공급을 받아야 합니 다. 예수님이 우리 마음속에 완전히 가득차야 됩니다.

가끔 선교지에서 돌아온 선교사님들과 이야기를 나누다 보면 말라버린 샘물처럼 완전히 지쳐 있는 경우가 있습니다. 목회자들 도 마찬가지입니다. 완전히 탈진되어 힘들게 사역을 감당해 나가 기도 합니다. 선교도, 목회도, 구제도 주님으로 가득 차지 않으 면 언젠가는 탈진되고 맙니다. 그래서 모든 사역의 중심에 하나님으로부터 공급받는 예배가 있어야 합니다.

예수님은 어떻게 사역을 감당하셨습니까? 이 땅에 오셔서 복음을 전하시고, 가르치시고, 구제도 하시고, 치유도 하셨던 예수님은 사람들이 주님께로 몰려올 때에도 산으로 가시곤 했습니다. 사람들이 구름처럼 몰려오는데 제자들에게 갑자기 "산으로 가자. 한적한 곳으로 가자" 하시며 자리를 떠나셨습니다. 하나님 아버지와 대화를 나누기 위해서였습니다. 아버지로부터 다시금 채워지기 위해서였습니다. 그래서 예수님은 메마르지 않으셨습니다. 우리도 그렇게 될 수 있습니다. 예수님 안에서 더욱 풍성해질 수 있습니다.

그리스도 안에서 예배로 말미암아 하나님의 기쁨과 그리스도의 감격이, 주님의 은혜가 계속 채워져야 합니다. 그래서 사랑의 수고가 메마르지 않는 샘물처럼 계속 솟아나는 교회가 되어야 합니다.

우리가 인내를 제대로 실행하기 위해서는

주님이 주신 소망을 붙잡아야 합니다.

소망이 우리를 인내하게 만듭니다.

오늘날 우리에게 소망으로 인한 인내가 필요합니다.

주님의 몸 된 교회로, 주님의 부르심을 받은 하나님의 백성으로

그 부르심에 합당한 삶을 살기 위해

소망으로 인내하며 선한 싸움을 싸워나가겠다는

결단이 우리에게 필요합니다.

참된 소망을 붙잡고
인내하라

데살로니가전서 1장 2-4절

우리가 너희 모두로 말미암아 항상 하나님께 감사하며 기도할 때에 너희를 기억함은 너희의 믿음의

역사와 사랑의 수고와 우리 주 예수 그리스도에 대한 소망의 인내를 우리 하나님 아버지 앞에서 끊

임없이 기억함이니 하나님의 사랑하심을 받은 형제들아 너희를 택하심을 아노라

세상 끝 날까지 있을 믿음과 소망과 사랑

우리는 하나님의 놀라운 은혜 안에서 예수 그리스도의 몸 된 교회로 부름 받았습니다. 주님의 교회 된 우리가 예수님이 진정으로 원하시고 계획하시는 주님의 교회가 됨으로써 이 세상 가운데 예수님의 몸으로 온전히 세워지는 것이 바로 우리를 향한 하나님의 희망입니다.

그러기 위해서는 우리 안에 믿음의 역사와 사랑의 수고가 있어야 합니다. 또한 소망의 인내가 있어야 합니다. 그럴 때 주님이 기뻐하시는 성숙한 교회로 하나님의 희망이 될 수 있습니다.

성경은 믿는 자들에게 믿음과 사랑과 소망, 이 세 가지는 항상 있을 거라고 말씀합니다. 모든 것은 다 지나갑니다. 이 세상도, 은사도 다 지나가지만 이 세 가지는 이 땅에서뿐만 아니라 천국에서도 영원히 있을 것입니다.

그런즉 믿음, 소망, 사랑, 이 세 가지는 항상 있을 것인데 그중의
제일은 사랑이라 고전 13:13

믿음은 우리의 힘으로 얻게 되는 게 아닙니다. 하나님의 은혜
가운데 믿음의 주가 되시는 예수 그리스도의 반석 위에 굳게 서서
나를 구원받게 한 것, 그것이 믿음입니다. 그 믿음으로 말미암아
우리가 영원히 주의 나라에 살게 되기 때문에 믿음은 영원합니다.

믿음이 있다는 것은 또한 우리에게 하나님이 주신 소망이 있다
는 뜻입니다. 우리가 사망의 음침한 골짜기를 다닐지라도 두려워
하지 않고 소망 가운데 살 수 있는 것은 오늘뿐만 아니라 영원히
나와 함께하시는 여호와 하나님, 나의 목자 되신 여호와 하나님
의 소망이 내 것이기 때문입니다.

그렇다면 사랑은 어떻습니까? 왜 믿음과 소망과 사랑 중에 사
랑이 제일입니까? 하나님이 우리를 그리스도 예수 안에서 사랑하
신 그 사랑의 깊이와 넓이와 높이는 우리가 다 측량할 수 없습니
다. 사랑은 이 세상에서도 계속 충만히 부어지지만, 천국에서는
이제 주님과 함께 그 사랑 안에서 영원히 살게 될 것입니다.

우리는 믿음과 소망과 사랑에 대해서 알고 있습니다. 그러나
믿음과 소망과 사랑에 구체적인 요소들이 있다는 사실은 간과할

때가 많습니다. 말로만, 감정으로만 믿음과 소망과 사랑을 외칠 것이 아니라 그 안에 구체적인 요소, 곧 그에 따르는 열매가 있어야 할 것입니다.

믿음으로만 감당할 수 있는 역사가 있어야 합니다. 사랑에는 그 사랑에 따르는 수고가 있어야 합니다. 또한 소망에는 인내가 있어야 합니다. 데살로니가교회에는 이 세 가지가 모두 있었기에 하나님으로부터 기쁨이 되는 교회, 성숙한 교회라는 인정을 받을 수 있었습니다.

> 너희의 믿음의 역사와 사랑의 수고와 우리 주 예수 그리스도에 대한 소망의 인내를 우리 하나님 아버지 앞에서 끊임없이 기억함이니 살전 1:3

소망과 인내

그런데 왜 소망에는 인내가 있어야 합니까? '소망'과 '인내'는 잘 매치가 되지 않습니다. 오히려 소망과 비전, 소망과 자유, 혹은 소망과 기쁨이라는 말이 더 잘 어울립니다. 그런데 주님은 데살로니가교회를 통해 '소망에는 인내가 따라야 한다'고 분명하게 말씀하십니다.

로마서 8장에 이런 말씀이 있습니다.

우리가 소망으로 구원을 얻었으매 보이는 소망이 소망이 아니니 보는 것을 누가 바라리요 만일 우리가 보지 못하는 것을 바라면 참음으로 기다릴지니라 롬 8:24,25

사도 바울은 이 말씀에서 우리가 '소망'으로 구원을 받았다고 말합니다. 정말 놀랍지 않습니까? 우리는 믿음으로 구원받을 뿐 아니라 소망으로 구원받는 것입니다. 믿음에 반드시 따르는 것이 소망이기 때문입니다.

그런데 여기서 말하는 소망에는 인내가 따릅니다. 사도 바울은 "보이는 소망이 어찌 소망이냐? 보지 못하는 것을 우리가 바란다면 참음으로 기다려야 한다"라고 하면서 소망에 따른 인내에 대해 말합니다.

이처럼 성경이 소망과 함께 인내를 말하고 있는 까닭은 우리가 이 세상에서 예수님을 믿을 때 그 믿음으로 말미암아 따르는 핍박과 박해가 있기 때문입니다.

오늘날 한국처럼 종교의 자유가 보장된 나라에서 신앙생활하고 있는 우리로서는 믿음으로 인한 박해와 핍박이 피부 깊숙이 와 닿지 않습니다. 이제 더 이상 믿음으로 인한 박해는 없는 것으로 생각되기도 합니다.

그러나 지금 이 시간에도 예수님을 믿는 믿음 때문에 모진 박해와 핍박을 받는 나라가 정말 많습니다. 우리와 한 민족인 북한만 봐도 알 수 있습니다. 그리스도인에 대한 북한의 박해는 우리의 상상을 초월합니다. 그런데 그곳에서 지금도 여전히 믿음을 지켜내는 수많은 그리스도인들이 있습니다.

직접적인 통계는 없지만, 유엔과 같은 국제기구와 전문가들의 통계에 따르면 현재 북한에 20만~30만 명의 그리스도인들이 있을 것으로 예상합니다. 생각보다 훨씬 더 많은 사람들이 북한에서 신앙을 지켜나가고 있습니다. 그리고 탈북자들의 증언에 따르면 비록 지하교회일지라도 각 마을에 적어도 한 개씩은 교회가 있다고 합니다.

북한의 처절하고 처참한 환경과 모진 고통에 대한 이야기를 들을 때면 정말 가슴이 아프지만, 또 한편으로는 이런 소식을 들을 때마다 가슴이 뛰면서 흥분이 됩니다. 우리의 상상을 뛰어넘는 아픔과 고통과 박해가 있는 그곳에서 지금도 수많은 사람들이 믿음을 지키고, 소망함으로 견디며 인내하고 있기 때문입니다.

예수님이 우리에게 가르쳐주신 팔복 가운데 이런 말씀이 있습니다.

의를 위하여 박해를 받은 자는 복이 있나니 천국이 그들의 것임이라 마 5:10

이는 '믿음 때문에 박해 받는 너희들이 천국의 백성이다'라는 뜻으로, 앞으로 펼쳐질 놀라운 일들에 대한 소망을 바라게 하는 말씀입니다. 우리가 천국 백성인 것을 증명해주는 모습 중의 하나가 '의를 위하여, 믿음으로 인하여 박해를 받는 것'입니다. 믿음에는 이처럼 핍박이 따릅니다.

부르심에 합당한 삶을 살라

데살로니가교회에도 분명히 믿음 때문에 오는 박해가 있었습니다. 그래서 사도 바울은 그들에게 편지를 쓸 때 좋은 말만 쓰지 않았습니다. 박해가 없을 거라는 헛된 희망이 아닌, 믿음 때문에 오는 박해 가운데서 우리가 어떻게 살아야 하며 어떤 자세로 살아야 하는지에 대한 많은 권면들을 하고 있습니다.

우리 형제 곧 그리스도의 복음을 전하는 하나님의 일꾼인 디모데를 보내노니 이는 너희를 굳건하게 하고 너희 믿음에 대하여 위로함으로 아무도 이 여러 환난 중에 흔들리지 않게 하려 함이라 우리가 이것을 위하여 세움 받은 줄을 너희가 친히 알리라 우리가 너희와 함께 있을 때에 장차 받을 환난을 너희에게 미리 말하였는데 과연 그렇게 된 것을 너희가 아느니라 살전 3:2-4

사도 바울은 믿음 때문에 닥칠 여러 환난에 대해 미리 경고하면서, 그들을 미리 준비시킵니다.

사도 바울은 고난과 핍박 가운데 있는 데살로니가교회를 향해 "지금 핍박을 받고 있으니 너무 안 됐다"라거나 "그런 상황에 빠지다니 정말 안타깝고 미안하다"라고 하지 않습니다. 그런 가운데서도 부르심에 합당한 삶을 살라고 계속 그들을 권면하고 있습니다.

이는 너희를 부르사 자기 나라와 영광에 이르게 하시는 하나님께 합당히 행하게 하려 함이라 살전 2:12

사도 바울은 하나님이 그분의 나라와 영광을 위하여 우리를 불러주셨으니 핍박과 박해와 같은 환경이 눌릴 것이 아니라 그 엄청난 영광에 합당한 삶을 살아야 한다고 말합니다.

또 그는 이렇게 권면합니다.

그러므로 너희가 견디고 있는 모든 박해와 환난 중에서 너희 인내와 믿음으로 말미암아 하나님의 여러 교회에서 우리가 친히 자랑하노라 이는 하나님의 공의로운 심판의 표요 너희로 하여금 하나님의 나라에 합당한 자로 여김을 받게 하려 함이니 그 나라를 위하여 너희가 또한 고난을 받느니라 살후 1:4,5

그는 이 말씀 속에서 고난과 환난을 받는 교회에게 하나님나라의 시민으로서 고난 받는 것이 당연하며, 마땅히 감당해야 할 우리의 본분이라고 말합니다.

미리 예정된 믿음

그는 계속해서 이렇게 말합니다.

이러므로 우리도 항상 너희를 위하여 기도함은 우리 하나님이 너희를 그 부르심에 합당한 자로 여기시고 모든 선을 기뻐함과 믿음의 역사를 능력으로 이루게 하시고 살후 1:11

하나님은 우리를 부르심에 합당한 자로 여기십니다. 우리의 부르심이 무엇입니까? 성경은 "하나님이 미리 아신 자들을 또한 그 아들의 형상을 본받게 하기 위하여 미리 정하셨으니 이는 그로 많은 형제 중에서 맏아들이 되게 하려 하심이라 또 미리 정하신 그들을 또한 부르시고, 부르신 그들을 또한 의롭다 하시고, 의롭다 하신 그들을 또한 영화롭게 하셨느니라"(롬 8:29, 30)라고 말합니다.

하나님께서는 우리를 미리 아시고 정하시고 불러주셔서 우리에게 예수 그리스도의 옷을 입히시고 의롭다 칭해주셨을 뿐 아니라 우리를 영화롭게 하셨습니다. 정말 놀라운 하나님의 섭리가 아닐 수 없습니다.

우리의 믿음은 어쩌다 보니 우연히 생긴 게 아닙니다. 만세 전부터 하나님의 부르심 안에서 예정되어 있었고 그로부터 역사의 끝까지 이어지는 하나님의 섭리 가운데서 택함 받고 부르심 받은 자들이 우리입니다. 그러므로 부르심에 합당한 자로서 환난과 고난과 핍박을 마다하지 말라는 것입니다.

손해를 감수하고 믿음을 택하는 인내

우리 역시 부르심에 합당한 삶을 살기 위해 우리에게 주어진 고난과 핍박을 마땅히 감당해야 합니다. 오늘날 한국에서 신앙생활하는 우리로서는 목숨을 걸어야 한다거나 예수를 믿는다고 감옥에 갇힌다거나 사람들에게 매를 맞거나 하지는 않습니다.

그러나 우리에게도 분명히 부르심에 합당한 삶을 살기 위해 다가오는 도전과 희생이 있습니다. 특히 믿지 않는 가정에서 처음 믿는 분들은 가족들에게서 받는 핍박이 있습니다. 저 역시 가족 중에 가장 먼저 믿었기 때문에 알게 모르게 제게 주어졌던 압박과 핍박이 있었습니다.

저희 할머니는 75년 동안 원불교를 믿으셨던 분입니다. 그래서 교회 다니는 저를 보고 "한 집안에 종교가 둘 있으면 망해! 저놈 때문에 우리 집안 망하게 생겼네!"라고 하시면서 얼마나 무섭게 야단을 치시던지, 믿지 않는 가족들을 위해서 기도도 못하게 하셨습니다. 그래서 화장실에 들어가 문을 잠그고 가족들을 위해 기도했던 게 지금도 생생하게 생각납니다. 하나님의 놀라우신 은혜로 그렇게 무서우시던 할머니가 예수 그리스도를 영접하셨을 때는 그 은혜에 얼마나 감사했는지 모릅니다.

또 믿지 않는 남편과 결혼한 자매들, 혹은 믿지 않는 시부모님을 만난 자매들 같은 경우에도 가정의 핍박이 있습니다. 그럼에도 그들은 믿음을 포기하지 않고 지키며, 오히려 복음을 전하기 위해 인내하고 핍박을 감당하고 있습니다.

가정에서뿐만 아닙니다. 사업을 하거나 회사생활을 할 때 예수님 앞에서 순결을 지키기 위해 감당해야 할 수많은 압박들이 있습니다. 말씀 안에서 살기 위해, 주님의 율법을 기뻐하며 그 말씀대로 살기 위해 감당해야 할 반대와 저항이 있을 수 있습니다. 그로 인해 불이익이나 따돌림을 당하게 될 수도 있습니다.

그러나 그런 가운데서도 나를 불러주신 주님의 사랑에 합당한 삶을 살기 위해 인내해야 합니다. 하나님의 말씀에 순종하는 것에는 온전한 믿음과 인내가 필요합니다. 머리로 계산해서는 말씀에 합당한 삶을 살 수가 없습니다.

주일성수(主日聖守) 같은 가장 기본적인 말씀에 대한 순종도 머리로 계산하기 시작하면 결코 쉽지 않은 일입니다. 예를 들어 장사를 하는 분들은 주일에 장사를 안 하면 그만큼 매출에 손해가 납니다. 하루라도 더 열심히 일을 해야 남는 것이 있는데, 그 이익을 포기하는 게 쉽지 않습니다.

그런 중에도 믿음으로 소망으로 순종하는 것입니다. 우리는 그런 믿음과 소망의 인내가 있을 때 부르심에 합당한 삶을 살 수 있고, 말씀에 순종할 수 있습니다. 사실 하나님을 신뢰하지 못하면 밤마다 잠에 드는 것도 고역입니다.

'주님, 아직 제가 해야 할 일이 끝나지 않았지만 이제 안식의 시간이 되었기에 주님께 저를 올려드립니다.'

'주님, 지금 저희 가정과 자녀와의 문제가 해결되지 않았지만, 그것은 제가 해결할 수 없습니다. 모든 것을 주님께 맡기고 주님 안에서 평안히 안식하기 원합니다. 제 모든 문제를 주님께 올려드립니다.'

이런 마음으로 잠에 들고 아침이 되면 또다시 하나님께 감사로 새 하루를 시작하는 것입니다. 이것이 우리가 누리는 안식의 패턴입니다. 마찬가지로 주일성수에도 이와 같은 믿음의 고백이 담겨 있습니다.

'주님, 제가 하루 더 일하고 싶지만, 그것이 제 유익을 보장해 주지 않습니다. 저는 주님을 믿고 신뢰함으로 주님 안에서 안식합니다.'

우리 머리의 계산으로 하루하루를 사는 게 아니라 내 삶의 주가 되어주시는 하나님을 의지함으로 사는 것입니다.

그런데 이렇게 사는 게 쉽지가 않습니다. 그렇게 살아야겠다고 수긍은 되지만, 막상 그렇게 살려고 하면 당장 손해를 보는 것

같습니다. 이런 우리에게 주님은 이렇게 말씀하십니다.

"부르심에 합당한 삶을 살아라."

예수 그리스도의 보혈로 내가 구원받았다면, 하나님과 동등하시나 동등 됨을 취하지 않으시고 이 세상에 오셔서 자기 자신을 죽기까지 낮추시고 우리를 구원하신 예수 그리스도의 값진 보혈로 내가 구원받았다면 우리는 마땅히 그 구원과 부르심에 합당한 삶을 살아야 합니다.

그렇게 살기 위해 오늘도 인내하라는 것입니다. 믿음 안에서 내게 주어진 경주를 인내로 감당하고, 선한 싸움을 인내로 싸워내라는 것입니다.

그런데 우리가 인내를 제대로 실행하기 위해서는 주님이 주신 소망을 붙잡아야 합니다. 소망이 우리를 인내하게 만듭니다. 데살로니가교회에는 소망으로 인한 인내가 있었습니다. 오늘날 우리에게도 소망으로 인한 인내가 필요합니다. 주님의 몸 된 교회로, 주님의 부르심을 받은 하나님의 백성으로 그 부르심에 합당한 삶을 살기 위해 소망으로 인내하며 선한 싸움을 싸워나가겠다는 결단이 우리에게 필요합니다.

소망의 인내가 주는 유익

그런데 성경이 이렇게 거듭하여 "인내하라, 인내하라, 소망으로 인내하라"라고 말하는 이유는 그렇게 소망으로 인내하면서 예수님 안에서 살 때 우리에게 놀라운 일들이 일어나기 때문입니다.

하나님의 합당한 도구로 서게 된다

첫째, 우리가 소망으로 인내할 때 하나님의 도구로 서게 됩니다. 하나님의 부르심에 합당한 삶을 산다는 것은 하나님이 인정하시는 주님의 도구로 서게 된다는 것입니다. 인내하기 위해 대가를 치르는 믿음 생활을 하고, 소망으로 인해 인내하게 될 때 우리가 하나님이 인정하시는 주님의 도구로 서게 됩니다.

사도 바울은 항상 이것을 염두에 두고 사역했습니다.

오직 하나님께 옳게 여기심을 입어 복음을 위탁 받았으니 우리가 이와 같이 말함은 사람을 기쁘게 하려 함이 아니요 오직 우리 마음을 감찰하시는 하나님을 기쁘시게 하려 함이라 살전 2:4

사람들이 듣고 싶어 하는 말은 정해져 있습니다.
"잘될 거야. 괜찮을 거야. 축복받을 거야."

그러나 하나님이 들려주시고자 하는 말씀은 사람들에게 너무 어려웠습니다.

"믿음 때문에 고난이 있을 거야. 그럴 때 소망으로 인내해야 한다."

이 차이가 복음을 전하는 바울에게도 적지 않은 딜레마가 되었습니다. 특히 초대교회에서는 믿음 때문에 감당해야 할 대가가 컸기 때문에 그의 고민은 더욱 깊었습니다. 그러나 그때마다 그는 이 말씀을 붙잡았습니다.

내가 사람들에게 좋게 하랴 하나님께 좋게 하랴 갈 1:10

사람들을 기쁘게 하면 사도로서 훨씬 편하게 사역할 수 있었을 것입니다. 하나님을 기쁘시게 하기 위해서는 그만큼 더 힘들고, 손해를 봐야 하고, 인내해야 하는 아픔이 있었을 것입니다. 그럼에도 그가 하나님을 기쁘시게 하는 것을 선택한 이유는 그분 앞에서 올바른 도구가 되기 위해서입니다.

우리 역시 마찬가지입니다. 두 개의 갈림길에서 우리는 주님이 더 기뻐하시는 길을 택해야 합니다. 내 머리로는 이해되지 않더라도 '하나님이 더 기뻐하시는 것이 무엇인가'를 내 안의 기준으로 두고 선택할 때, 우리는 하나님이 인정하시는 도구가 될 것입니다. 비록 그 선택으로 인해 어려움이 따를지라도 말입니다.

성경을 보면 하나님의 집에 금그릇도 있고, 은그릇도 있고, 질그릇도 있다고 이야기합니다(딤후 2:20 참조). 그런데 하나님이 쓰시는 그릇은 금그릇도 아니요 은그릇도 아니요 질그릇도 아니요 깨끗한 그릇이라고 말합니다. 그러므로 우리는 깨끗한 그릇, 합당한 그릇이 되어야 합니다.

우리에게 은사와 재능이 얼마나 많은지가 중요한 게 아닙니다. 하나님이 인정하시는 그릇이 되는가 그렇지 않은가가 중요한 문제입니다. 주를 믿는 믿음으로 소망의 인내를 감당할 때 우리는 하나님이 인정하시는 합당한 도구로 설 수 있습니다.

주님의 영광을 누리게 된다

둘째, 우리가 믿음 때문에 인내하고, 소망함으로 우리에게 주어진 자리에서 선한 싸움을 싸우며 인내할 때 주님이 영광을 받으시고, 또 우리도 그 영광을 누리게 됩니다.

이러므로 우리도 항상 너희를 위하여 기도함은 우리 하나님이 너희를 그 부르심에 합당한 자로 여기시고 모든 선을 기뻐함과 믿음의 역사를 능력으로 이루게 하시고 우리 하나님과 주 예수 그리스도의 은혜대로 우리 주 예수의 이름이 너희 가운데서 영광을 받으시고 너희도 그 안에서 영광을 받게 하려 함이라

살후 1:11,12

우리가 하나님의 백성으로서 누리게 되는 특권 중에 세상이 절대 모르는 것 중 하나가 하나님의 영광입니다. 우리가 소망으로 인내하고, 부르심에 합당한 삶을 살 때 하나님의 영광을 알게 되며, 누리게 되는 것입니다.

북한에도 신앙을 지키고 있는 성도들이 많이 남아 있습니다. 그중에는 탈북했다가 중국에서 주님을 믿게 되어 그 신앙을 가지고 다시 북한으로 들어간 사람들도 있고, 그곳에서 목숨을 걸고 복음을 전하는 이들을 통해 믿음을 갖게 되어 역시 목숨을 걸고 복음을 받아들이는 사람들이 있습니다.

탈북한 후에 복음을 받아들인 탈북자들은 몇 년 전만 해도 남한으로 가는 게 소망이었는데, 이제는 반반이라고 합니다. 탈북자들 중의 반은 다시 북한으로 돌아간다는 것입니다. 남한으로 가도 힘든 것은 마찬가지일 거라는 사실을 알게 된 까닭도 있지만, 그보다 더 큰 이유는 복음을 가지고 돌아가 가족들과 친구들

에게 예수님을 전하기 위해서입니다. 이렇게 북한에서 복음이 계속 자라고 있는 것을 보면서 깨달은 게 있습니다.

'남한에 살고 있는 우리가 결단코 알지 못하는 하나님의 영광이 그들 가운데 있구나!'

박해와 핍박 가운데서도 찬양을 부르며 눈물과 소망으로 인내하는 주님의 백성들은 하나님의 영광 가운데 살고 있다는 것을 깨달았습니다. 어떤 핍박 가운데 있을지라도 결단코 버릴 수 없는 하나님의 영광 때문에 오늘도 그들은 믿음의 전진을 하고 있는 것입니다.

영화 〈신이 보낸 사람〉은 북한의 성도 가정을 중심으로 그들의 생생한 모습을 담았습니다. 그 영화를 보면 북한에 있는 성도들은 어떻게 저런 핍박 가운데서도 믿음을 지킬 수 있는지를 깊이 생각하게 됩니다. 저는 확신합니다. 그들은 우리가 모르는 주님의 영광을 알고 있기 때문이라고 말입니다.

예수님을 더욱 닮아가게 된다

셋째, 우리가 소망의 인내를 할 때 우리는 예수님을 더욱 닮아가게 됩니다.

주께서 너희 마음을 인도하여 하나님의 사랑과 그리스도의 인내에 들어가게 하시기를 원하노라 살후 3:5

영어성경(NIV)에는 이렇게 나옵니다.

May the Lord direct your hearts into God's love and Christ's perseverance.

이 말씀은 사도 바울이 데살로니가교회를 위해 기도하는 내용입니다. 사도 바울은 이렇게 기도하고 있습니다.

"데살로니가 교인들이 믿음을 지키며 소망으로 인내하며 살고 있는데, 하나님께서 그들을 하나님의 사랑 안으로 그리고 예수 그리스도의 인내함 안으로 인도해주시길 원합니다."

놀라운 기도입니다. 저는 하나님의 사랑 안으로 인도해달라는 기도는 이해가 가는데, '그리스도의 인내함' 안으로 인도해달라는 내용은 참 놀랍고 새로웠습니다.

예수님의 인내함 안으로(into) 들어간다는 것은 바로 예수님 안으로 들어간다는 뜻입니다. 주님의 인내함을 배우는 그 자리로 들어간다는 것입니다. 예수님 안으로 내 성품과 내 가슴이 들어간다는 것입니다. 그것이 예수님의 인내함을 배우는 것입니다. 그것을 위해서 우리가 믿음으로 인내하는 것입니다.

인내함이 없을 때는 예수님을 본받을 수 없습니다. 우리의 성품은 인내함으로 예수님을 닮아가는 것입니다. 그 자리에서 인내함으로 우리가 작은 예수가 되어가는 것입니다.

잠언 27장 17절에 "철이 철을 날카롭게 하는 것같이 사람이 그의 친구의 얼굴을 빛나게 하느니라"라고 나옵니다. 철이 철을 깎듯이 사람이 서로 부딪쳐 서로의 얼굴을 빛나게 해준다는 것입니다. 사람과의 부딪침, 그 아픔을 통해서 말입니다. 결혼을 하고 부부가 되면 좋은 것이 많지만 무엇보다 서로 인내함을 배워가면서 서로를 빛나게 만드는 과정이 좋습니다.

우리에게 빛이 없다면 인내함이 없어서 그렇습니다. 하나님이 우리에게 가정을 주셨다면, 하나님이 우리에게 섬길 공동체를 주셨다면 우리는 그곳에서 인내해야 합니다. 주님 안에서 소망으로 인내할 때 예수님의 형상을 본받게 됩니다.

고난이 가져온 구원

저는 1974년에 미국으로 이민을 갔는데, 그때 저희 가정은 무척 힘들었습니다. 많은 이민자들이 그랬던 것처럼, 한국에서는 전혀 그렇게 생활하지 않으시다가 미국에서 이민자로서 밑바닥 생활을 하셔야 했던 부모님은 정말 힘든 시간을 보내셔야 했습니다. 그때 아버지는 암에 걸리셔서 투병하셔야 했고, 어린 자식들이 세 명이나 있다보니 심한 생활고까지 겹쳐 어머니는 자살을 시도하기도 하셨습니다. 물론 그때는 주님을 모르실 때였지만 얼마나 아찔한 순간이었는지 모릅니다. 그렇게 아픈 시기를 보내고 있던 가운데 우리는 예수님을 만났습니다.

'만약 계속 한국에 있었다면 과연 주님을 만날 수 있었을까?'

혼자 이런 생각을 해본 적이 있습니다. 아마도 그러기 힘들었을 거란 생각이 듭니다. 그때 저희 아버지는 땅을 많이 가지고 계셨는데, 70년대 초에 그 땅을 다 팔고 미국으로 가셨습니다. 그런데 만약 우리가 계속 한국에 있었다면 아마도 우리 가족은 벼락부자가 되었을 것입니다. 그 이후에 그 땅 값들이 어마어마하게 올랐기 때문입니다.

그렇게 벼락부자가 되었다면 우리는 예수님을 알기는커녕 흥청망청 내키는 대로 살아가는 불쌍한 인생이 되었을 것입니다. 그냥 하는 말이 아니라 진짜 그렇게 되었을 것입니다. 제가 대학교에 가기 전에 아버지가 저를 불러 앉혀놓으시고는 이렇게 말씀하신 적이 있습니다.

"얘야, 우리 집에는 술고래의 피가 흐르고 있다."

아니나 다를까 한번은 아내가 자기는 술 냄새를 맡으면 구역질이 난다고 하는 말을 듣고 깜짝 놀랐습니다. 저는 그 냄새가 너무 달콤했기 때문입니다. 그러면서 예전에 아버지가 해주셨던 말씀이 떠올랐습니다. 예수님을 믿고 새 사람이 되었으니 지금 이렇게 살 수 있는 것이지, 그렇지 않았다면 정말 어떻게 살고 있을지 생각만 해도 끔찍합니다.

그런 저와 우리 가족이 이민생활의 아픔을 통해서 예수님을 믿게 되었습니다. 천하와도 바꿀 수 없는 영원한 생명을 얻게 된 것입니다. 예수님은 "한 사람이 모든 것을 다 얻어도 자기 영혼을 잃으면 무슨 소용이 있느냐, 다 잃은 것이다"라고 말씀하셨습니다. 천하와도 바꿀 수 없는 게 우리의 영혼이라는 것입니다.

그런데 주님이 우리를 구원해주셨습니다. 세상 가운데 살던 우리를 주님의 부르심으로 불러 예수님의 몸으로 만드셨습니다. 그 엄청난 은혜 가운데 주님의 교회가 되었다면 우리는 그에 합당한 삶을 사는 것이 마땅할 것입니다. 우리가 주님의 교회답게, 주님의 부르심에 합당한 삶을 사는 것은 인내함으로만 가능합니다.

우리 모두 이 믿음을 붙잡고 소망의 인내로 선한 싸움을 끝까지 싸워야 합니다. 그래서 주님을 더욱더 닮아가는, 예수님께 합당한 교회로 세워져가는 우리 모두가 되기를 바랍니다.

자꾸 변하는 세상을 기준으로 그려진

지도를 의존할 게 아니라 변함없는 하나님의 말씀,

하늘과 땅이 없어질지라도 일점일획도 변하지 않을

하나님의 말씀을 붙들어야 합니다.

내 심령의 주파수가 그분의 말씀을 향해 맞춰져 있어야 합니다.

말씀을 기쁨으로 받아
능력으로 삼아라

데살로니가전서 1장 4-7절

하나님의 사랑하심을 받은 형제들아 너희를 택하심을 아노라 이는 우리 복음이 너희에게 말로만 이른 것이 아니라 또한 능력과 성령과 큰 확신으로 된 것임이라 우리가 너희 가운데서 너희를 위하여 어떤 사람이 된 것은 너희가 아는 바와 같으니라 또 너희는 많은 환난 가운데서 성령의 기쁨으로 말씀을 받아 우리와 주를 본받은 자가 되었으니 그러므로 너희가 마게도냐와 아가야에 있는 모든 믿는 자의 본이 되었느니라

유일한 양식, 유일한 위로

믿는 자들에게 말씀이 중요하다는 것을 모르는 사람은 아무도 없을 것입니다. 그런데 이것을 아는 것보다 더 중요한 것은 이 말씀을 항상 기쁨으로 받는 모습입니다. 마치 어린아이가 엄마의 젖을 기쁨으로 받아먹듯이 말입니다. 단순히 옳고 그른 것을 알려주는 지침을 뛰어넘어 생명 그 자체로 말씀을 받는 자세가 필요합니다.

예수님은 이렇게 말씀하셨습니다.

기록된 바 하늘에서 그들에게 떡을 주어 먹게 하였다 함과 같이 우리 조상들은 광야에서 만나를 먹었나이다 예수께서 이르시되 내가 진실로 진실로 너희에게 이르노니 모세가 너희에게 하늘로부터 떡을 준 것이 아니라 내 아버지께서 너희에게 하늘로부터

참 떡을 주시나니 하나님의 떡은 하늘에서 내려 세상에 생명을 주는 것이니라 요 6:31-33

만나는 하나님이 광야에서 생활하던 이스라엘 백성에게 양식으로 주신 것으로, 매일 주어지는 하늘의 떡이었습니다. 하나님은 이스라엘 백성이 이 떡을 매일 받아먹으며 생명을 이어갈 뿐 아니라 영적 교훈도 얻기 원하셨습니다. 그것은 사람은 떡으로만 사는 게 아니라 하나님의 입에서 나오는 말씀으로 살아야 한다는 것입니다. 하나님은 계속해서 말씀을 주십니다. 매일 내려 주시는 만나를 먹고 하루하루를 살듯이 하나님의 입에서 나오는 말씀을 만나처럼 매일 매일 먹으며 살라는 것입니다.

우리가 매일 음식을 먹지만 그 음식을 씹고 소화시켜 영양분으로 흡수시켜야 살 수 있듯이, 주어지는 말씀을 받고 단순히 지적으로 동의하는 데서만 끝나서는 안 됩니다. 그 말씀을 기쁨으로 받고 사모하여 우리의 삶 속에 완전히 흡수시켜야 합니다. "하나님의 말씀이 아니면 저는 죽습니다"라는 자세를 가져야 하는 것입니다.

힘겨운 상황 속에서도 말씀을 유일한 삶의 양식이요, 위로로 삼고 살아가는 사람들이 있습니다. 그들은 예배를 통해 말씀을 받을 때마다 살아갈 힘을 얻습니다. 그렇게 기쁨으로 말씀을 받아 삶의 능력으로 삼는 하나님의 백성들이 바로 하나님이 찾으시는 교회, 성숙한 하나님의 교회입니다.

환난 중에서도 기쁨으로

사도 바울은 데살로니가교회 성도들이 하나님의 백성인 것을 확신했습니다. 무엇 때문에 그렇게 확신할 수 있었을까요?

> 이는 우리 복음이 너희에게 말로만 이른 것이 아니라 또한 능력과 성령과 큰 확신으로 된 것임이라 우리가 너희 가운데서 너희를 위하여 어떤 사람이 된 것은 너희가 아는 바와 같으니라
>
> 살전 1:5

이는 복음이 하나의 정보가 아니라 그들의 삶을 변화시키는 능력으로 임했다는 말입니다. 하나님의 백성들은 말씀의 백성입니다. 예수님이 말씀으로 오셨고, 성도는 그 말씀을 먹으면서 삽니다. 말씀이 되시는 예수 그리스도를 먹음으로써 그분의 살이 내 살이 되고, 그분의 피가 내 피가 되는 것입니다. 데살로니가교회

성도들의 삶에 하나님의 말씀이 능력으로 임하여서 그들의 세계관과 인생관과 성품까지도 완전히 뒤집어지는 변화가 일어났습니다. 그것을 보았기에 바울은 "너희가 하나님의 백성인 것을 내가 확신한다"라고 말합니다.

또 하나, 그들이 하나님의 말씀을 말로만 받지 않고 성령의 확신과 능력으로 받았다는 것을 알 수 있는 말씀이 있습니다.

또 너희는 많은 환난 가운데서 성령의 기쁨으로 말씀을 받아 우리와 주를 본받은 자가 되었으니 살전 1:6

비록 환난 가운데 있을지라도 그들에게는 항상 기쁨이 있었습니다. 그렇기에 그들은 마게도냐와 아가야에 있는 모든 믿는 자들의 본이 되었습니다. 하나님의 말씀이 그들에게 기쁨으로, 성령의 기쁨과 능력으로 임했다는 것을 기억해야 합니다. 이것이 하나님의 백성을 그분의 백성으로 보여주는 증거입니다.

사람의 말이 아닌 하나님의 말씀으로
성숙한 교회, 하나님이 원하시는 교회가 된다는 것은 사람을 통해, 사자(使者)를 통해 말씀이 전파될 때 성령의 확신과 능력으로 임하는 말씀을 기쁨으로 받는 것입니다. 또한 말씀을 설교자의 입술에서 나오는 사람의 말이 아니라 하나님의 말씀으로 받는 것입니다.

> 이러므로 우리가 하나님께 끊임없이 감사함은 너희가 우리에게 들은 바 하나님의 말씀을 받을 때에 사람의 말로 받지 아니하고 하나님의 말씀으로 받음이니 진실로 그리하도다 이 말씀이 또한 너희 믿는 자 가운데에서 역사하느니라 살전 2:13

데살로니가교회 성도들은 바울에게서 말씀을 들었고, 그 말씀을 하나님의 말씀으로 받았습니다. 사람의 말은 때로 잠시 감격을 줄 수는 있지만 지속적인 영향력을 끼치지는 못합니다. 사람의 말 중에는 들어도 되고 듣지 않아도 되는 말이 있습니다.

그렇지만 하나님의 말씀은 살리는 말씀입니다. 배고픈 자를 먹여주시고 죽어가는 영혼을 살리시는 생명입니다. 이처럼 성도를 하늘의 영광과 만나로 먹이시는 하나님의 말씀을 성도들이 잘 이해할 수 있도록 전해야 하는 것이 설교자의 사명입니다. 그렇기에 저는 설교자로서 이런 말씀을 접할 때마다 엄청난 사명감과

책임감을 느낍니다.

또한 성도들은 그러한 사자로부터 흘러나오는 말씀이 사람의 말이 아니라 하나님의 섭리 가운데 허락해주신 하나님의 말씀이라는 것을 잊지 말아야 합니다. 그 말씀은 하나님의 종인 목회자들을 통해 지금 내게 주시는 것이고, 무(無)에서 유(有)를 창조하신 하나님의 말씀이며, 내 심령이 죽었을 때 나를 살려주시고, 허물과 죄로 인해 영안이 막혀 있을 때 그분의 영광을 보게 하는 하나님의 말씀입니다. 예수님은 이를 말씀하고 계십니다.

요한복음 6장은 오병이어 사건으로 시작됩니다. 오병이어 사건을 본 많은 사람들이 우르르 예수님을 좇았습니다.

"저분이 우리가 기다렸던 우리의 메시아시다!"

찢어지게 가난하던 이들이 떡 다섯 조각과 생선 두 마리로 오천 명, 그것도 남자만 오천 명이었으니 여자들과 아이들까지 합하면 족히 이만 명은 되었을 사람들을 먹이시는 예수님의 모습을 보고는 눈이 휘둥그렇게 되었습니다.

'이분이 바로 우리가 기다렸던 분이시다. 이렇게 우리를 먹이실 수 있는 분을 따라다닌다면 얼마나 행복할까?'

이런 마음으로 예수님을 따르는 사람들이 많아졌습니다. 그들의 마음을 너무나 잘 알고 계셨던 예수님은 도리어 배를 타고 갈릴리 호수 건너편으로 가셨지만, 사람들은 그곳까지 좇아왔습니다.

그때부터 예수님은 어려운 말씀을 전하십니다. 그러자 그 말씀을 듣고 떠나는 사람들이 생겨났습니다.

'예수님의 말씀은 너무 어려워.'

이해하기 힘들어서 어렵다는 의미일 수도 있겠지만, 아마도 많은 사람들이 이 말씀을 받아들이기가 어려워서 떠났을 겁니다. 말씀을 그대로 받아들이고 순종하기가 너무 어려워서 떠난 것입니다. 결국엔 소수의 제자들만 남았습니다. 예수님이 제자들에게 물으십니다.

"너희들도 떠나려느냐?"

그때 베드로가 제자들을 대표해서 대답합니다.

"아닙니다. 저희는 안 떠납니다."

성경에는 이렇게 나와 있습니다.

영생의 말씀이 주께 있사오니 우리가 누구에게로 가오리이까

요 6:68

많은 사람들이 '땡 잡았다. 우린 이제 더 이상 배고프지 않게

살게 될 거야'라는 마음으로 예수님을 따랐지만, 끝까지 남았던 제자들의 마음은 그들과 달랐습니다. 차이점은 '말씀'에 있었습니다. 베드로는 "주님께 생명의 말씀이 있습니다"라고 말했습니다. 그들은 예수님의 말씀이 하나님의 말씀, 곧 생명의 말씀이라는 것을 깨달았던 것입니다. 베드로의 말을 통해 이것이 확인되었습니다.

데살로니가 성도들에게도 이런 영성이 있었습니다. 그들은 말씀을 들을 때 하나님의 말씀으로 들었습니다. 말씀을 받을 때 하나님의 말씀으로 받았습니다. 단순히 동의해야 할 말씀이 아니라 따라야 하는 말씀으로, 감동만 받는 말씀이 아니라 생명이 되는 말씀으로 받았습니다.

진리의 사랑을 받지 못한 사람들

악한 자의 나타남은 사탄의 활동을 따라 모든 능력과 표적과 거짓 기적과 불의의 모든 속임으로 멸망하는 자들에게 있으리니 이는 그들이 진리의 사랑을 받지 아니하여 구원함을 받지 못함이라

살후 2:9,10

이 구절은 사탄의 영향을 받고 있는 자의 모습이 어떠한가를 우리에게 알려줍니다. 9절에 '악한 자', 즉 사탄의 영향을 받은 자가 나타나 사탄의 역사를 따라서 모든 능력과 표적과 기적을 보인다는 내용이 나옵니다. 사탄도 이적을 행한다는 말입니다. 간혹 무당들 중에 아주 예리한 칼 위를 걸어도 멀쩡한 자들을 봅니다. 사탄도 이렇게 나름대로 표적과 기적의 역사를 보일 수 있습니다.

오늘날로 적용해서 말한다면 이 세상에 악한 자가 맘몬이나 명예나 혹은 이 세상에서 추구하는 어떤 영광을 통해 충분히 역사할 수 있다는 것입니다. 하지만 주님은 이 모든 것이 거짓이라고 말씀하십니다.

게다가 10절에서는 "불의의 모든 속임으로 멸망하는 자들에게 있으리니"라고 했습니다. 이적이나 기적 혹은 번영 같은 것들이 주어질 때 그것이 하나님이 주시는 것인지, 세상의 공중 권세를 잡고 있는 마귀로부터 말미암은 것인지를 분별하지 못하고 무작정 따른다면 우리는 멸망에 이르게 된다는 말입니다.

바울은 그 이유를 "그들이 진리의 사랑을 받지 아니하여 구원함을 받지 못함이라"(10절)라고 설명합니다. 진리의 사랑, 즉 하나님의 진리를 받지 못하는 자들이 되었기 때문에 그릇된 것과 옳은 것을 분별하지 못하고 그릇된 영광과 이적에 완전히 눈이 어두워져 구원의 복음을 받지 못하게 됨으로 멸망하게 됩니다.

영적 전쟁의 핵심

그렇다면 마귀의 속이는 것을 보고 멸망한 자들과 달리 구원 받은 하나님의 백성은 어떤 모습이겠습니까?

주께서 사랑하시는 형제들아 우리가 항상 너희에 관하여 마땅히 하나님께 감사할 것은 하나님이 처음부터 너희를 택하사 성령의 거룩하게 하심과 진리를 믿음으로 구원을 받게 하심이니 이를 위하여 우리의 복음으로 너희를 부르사 우리 주 예수 그리스도의 영광을 얻게 하려 하심이니라 살후 2:13,14

그들은 성령님의 거룩하게 하심을 입고 진리를 믿음으로 구원을 얻게 되었습니다. 그들을 구원의 복음으로 부르신 것은 우리 주 예수 그리스도의 영광을 얻게 하려 하심입니다. 여기에 중요한 교훈이 있습니다.

영적 전쟁은 궁극적으로 진리를 보는 눈이 있느냐에 달려 있다는 것입니다. 영적인 싸움은 다른 것이 아니라 우리의 영안이 열려 있는가 아니면 가려져 있는가, 하나님의 말씀과 진리를 어떻게 받아들이는가, 그 진리 앞에 우리가 어떤 반응을 보이는가에 좌우됩니다.

진리의 사랑을 받지 못하고 구원에 이르는 복음을 깨닫지 못하는 자들은 마귀가 주는 세상의 영광과 기적과 화려함을 좇음으로 멸망의 자리로 인도되고, 구원 받은 하나님의 백성은 영안이 열려 하나님의 말씀을 바라보게 되고, 하나님의 진리를 통해서 그리스도의 영광을 보게 됩니다. 영적 전쟁은 궁극적으로 여기서 나뉩니다.

진리 곧 하나님의 말씀 앞에 어떤 모습을 보이는가 하는 것은 오늘을 사는 우리에게도 영적 전쟁으로 다가옵니다. 예수님을 믿고 하나님의 백성이 되었지만, 하나님의 말씀이 우리의 삶에 강력한 영향을 주는 생명의 말씀으로 들어와 있는지, 아니면 그저 말씀을 듣고 동의하는 데서 끝나는 정도의 신앙생활을 하고 있는지에 따라 영적 파워가 달라집니다.

진리의 눈이 열려 주님의 영광을 보게 되면, "세상과 나는 간 곳 없고 구속한 주만 보이도다"(새찬송가 288장)라는 찬송가의 가사처럼 영적으로 살 수 있습니다. 승리의 삶을 살 수 있습니다. 그러나 이 진리의 눈이 닫혀 있으면 결단코 영적으로 살 수 없습니다. 이에 대해 더 확실히 알 수 있는 말씀이 있습니다.

그중에 이 세상의 신이 믿지 아니하는 자들의 마음을 혼미하게 하여 그리스도의 영광의 복음의 광채가 비치지 못하게 함이니 그리스도는 하나님의 형상이니라 고후 4:4

사람들이 그리스도의 영광의 복음의 빛을 보지 못하는 이유가 이 세상의 신이 그들의 마음을 혼미케 했기 때문이라는 것입니다. '예수 그리스도의 영광의 복음의 광채가 비취지도록 영안이 열려 있는가, 아니면 주의 복음을 보지 못하도록 혼미케 하는 이 세상 영의 어두운 권세 아래에 있는가'가 결정적인 갈림길이 됩니다.

예수님은 하나님의 영광 자체이십니다. 그렇기에 예수님의 복음에서 그분의 영광이 빛납니다. 진정으로 이것을 보고 깨달은 자에게는 세상의 영광이 더 이상 영광이 아닐 것입니다. 그래서 그리스도의 복음 안에서 영광을 깨닫고 보는 사람들에게는 이 세상의 미련이 더 이상 그 능력을 발휘하지 못합니다. 그들에게 세상의 영광은 그림자가 될 뿐입니다.

세상의 연막작전에 속지 마라

제가 한국으로 사역지를 옮긴 후 미국에서 계속 학교에 다녀야 하는 제 아이들은 기숙사에서 생활했습니다. 그곳에 있으면 한국 음식을 먹을 기회가 거의 없습니다. 가끔 한국 음식이 먹고 싶으면 자기들끼리 라면을 끓여 밥을 말아 먹거나 다른 음식들을 간단하게 만들어서 먹는 정도입니다. 그렇게 지내다가 집에 와서 엄마가 해주는 음식을 먹게 되면 아이들은 너무나 감탄을 합니다. 큰 아이는 너무 감격해서 "와, 세상에. 너무 맛있어요!"를 외치면서 먹습니다. 진짜 제대로 된 한국 음식을 먹었기 때문입니다. 이런 음식을 먹고 나서 기숙사에서 먹었던 음식이 생각나겠습니까? 엄마가 집에 있는 동안에는 절대 이전에 먹었던 음식은 먹지 않으려고 합니다. 진짜 음식을 먹으니 이전에 먹던 것은 그림자가 되어버린 것입니다.

말씀은 우리에게 주신 영의 양식입니다. 그 말씀에 그리스도의 영광이 빛나고 있는데 왜 아직도 세상의 영광에 마음을 뺏기는 것입니까? 진짜 진수성찬을 누리고 있는데 예전에 먹던 조미료가 잔뜩 들어간 음식이나 불량식품이 생각날 수는 없는 일입니다. 만일 그런 것들이 생각난다면 그것은 하나님이 허락하신 진수성찬을 진정으로 누리고 있지 못하기 때문일 것입니다. 말씀의 영광을 누리지 못하고 있기 때문입니다. 그러니 자꾸 조미료가 들어 간 밥상을 찾아가는 것입니다.

그래서 영혼을 전도하려고 할 때는 그것이 영적 싸움으로 알아 야 합니다. 왜냐하면 세상의 신이 복음에서 빛나고 있는 그리스 도의 영광의 광채를 보지 못하도록 우리의 눈을 혼미케 하고 있 기 때문입니다. 그렇기에 전도할 때 기도를 기반으로 하지 않으 면 안 됩니다. 이 세상의 신이 혼미케 한 눈을 성령께서 뜨게 해주 셔야 합니다. 눈이 열리기만 하면 복음에서 발견한 예수님 안에서 반드시 영원히 살게 될 줄로 믿습니다. 우리가 예수님을 믿게 된 것도 어느 한순간 눈이 뜨였기 때문입니다.

저는 아직도 교회에 처음 나갔던 때를 생생하게 기억합니다. 아무도 예수를 믿지 않는 가정에서 자란 저는 중학교 1학년 때 친구의 전도로 처음 교회에 갔습니다. 당시 제가 있던 곳에는 한 국인이 별로 없었는데 교회에 가보니 한국인들이 정말 많이 있었 습니다. 만이여서 늘 형이나 누나가 있었으면 좋겠다고 생각했 는데, 교회에 많은 형과 누나가 있어 얼마나 좋았는지 모릅니다. '여기에 잘 왔다' 싶어 그렇게 교회에 계속 다니게 되었습니다.

그러다 얼마 후에 교회에서 집회가 있었는데, 그날 갑자기 저의 영적 눈이 뜨여졌습니다. 하나님은 사랑이시고, 하나님이 나를 사랑하셔서 독생자를 보내사 나를 위해 십자가에 달려 죽게 하셨다는 하나님의 진리가 보였고 믿어졌습니다. 그전에도 들었던 이야기였지만, 그날 한순간 성령께서 은혜로 제 눈을 뜨게 해주신 것입니다.

하나님께서 우리를 혼미케 하는 세상 신의 권세를 완전히 압도하셔서 우리의 눈을 밝히시어 볼 수 있게 해주실 때 우리는 말씀을 통해 예수 그리스도의 영광을 보게 됩니다. 그렇게 제 영안이 뜨인 후로부터는 말씀에서 보게 된 하나님의 진짜 영광을 세상의 어떤 영광과 비교할 수도, 대체할 수도 없어서 예수 그리스도를 붙잡고 오다 보니 하나님의 말씀을 선포하는 설교자의 사명을 감당하기에 이르렀습니다.

영의 눈이 열려야 합니다. 그래야 그 영혼이 복음의 영광을 보게 됩니다. 그래서 전도와 선교는 기도입니다. 영적 싸움입니다. 복음을 담대하게 전하는 테크닉도 있어야 하고 조직력도 갖추어져 있어야 하지만, 무엇보다도 가리어진 눈을 하나님의 더 큰 능력, 곧 이 세상의 신이 감당할 수 없는 그분의 능력으로 다시 뜨게 해주셔서 복음을 보고, 그것을 통해 하나님의 영광을 볼 수 있어야 합니다.

데살로니가교회 성도들은 이처럼 영의 눈을 들어 하나님의 말씀을 받았던 겁니다. 그들은 환난 중에도 하나님의 말씀을 기쁨으로 받았습니다. 하나님의 말씀이 성령과 확신으로 임했기 때문에 어떤 환난이 주어져도 말씀을 기쁨으로 받았고, 하나님의 복음이 전해졌을 때 그것을 사람의 말이 아니라 하나님의 말씀으로 받을 수 있었습니다. 또한 하나님의 영광을 보는 영적 눈을 가지고 말씀을 대했습니다. 이것이 데살로니가교회가 하나님의 마음을 흡족하게 했던 모습이었습니다.

주파수를 잘 맞춰야 한다

말씀 앞에 선 우리도 이제 하나님의 말씀을 기쁨으로 받는 하나님의 교회가 되어야 합니다. 반드시 그렇게 되어야 합니다. 그렇다면 어떻게 말씀을 기쁨으로 받는 성도가 될 수 있습니까? 이를 위해 두 가지를 권면하려고 합니다.

첫째, 세상의 어떤 소리보다 하나님의 말씀을 경청하십시오. 이것이 데살로니가교회 성도들의 모습이었습니다. 그들은 하나님의 말씀을 기쁨으로 받았습니다. 사람이 아닌 하나님의 말씀 자체로 복음을 받아들였습니다. 복음에서 하나님의 영광을 보았습니다. 그들은 세상의 많은 소리들 속에서도 하나님의 말씀을 경청했습니다.

세상에는 수많은 소리가 있습니다. 데살로니가교회 성도들에게도 많은 유혹과 시험이 있었습니다. 아마 주변에서 이런 말들을 많이 했을 것입니다.

"그렇게까지 믿어야 합니까?"

"그렇게까지 믿을 필요가 있나? 그 정도 믿었으면 됐으니 이제는 좀 평범한 삶으로 돌아와라!"

이런 세상의 소리들이 많았지만 그들은 하나님의 말씀만을 경청했습니다.

성경은 사무엘 시대에 하나님의 말씀이 희귀했다고 말합니다.

아이 사무엘이 엘리 앞에서 여호와를 섬길 때에는 여호와의 말씀이 희귀하여 이상이 흔히 보이지 않았더라 삼상 3:1

여기서 '희귀했다'는 것은 '거의 없었다'는 뜻입니다. 하나님의 말씀은 언제나 역사하고 있지만 사무엘 시대에 하나님의 말씀이 희귀했던 것은 그들이 하나님의 말씀을 경청하지 않았기 때문입니다. 말씀은 그대로 있는데 경청하는 사람들이 없었습니다.

그러나 사무엘은 달랐습니다. 그는 어려서부터 하나님의 말씀을 경청했습니다. 이렇게 말씀을 경청하는 마음이 있었기 때문에 자다가도 하나님의 음성에 벌떡 일어난 것입니다. 하지만 아직 어렸기 때문에 그것이 하나님의 부르심인 줄 모르고 스승인 엘리 제사장에게 달려갔습니다. 그러나 그 부르심이 하나님께로부터 온 것임을 알고 나서는 "말씀하십시오. 주의 종이 듣겠습니다"라고 응답했습니다(삼상 3:10 참조).

저는 그 모습에 감동을 받았습니다. 어린 나이임에도 얼마나 하나님의 말씀을 경청했으면 하나님의 말씀이 희귀했던 그 시대에 그분의 세미한 목소리를 들을 수 있었는지 말입니다.

하나님은 오늘 우리에게도 말씀하십니다. 그런데 우리는 왜 그 말씀을 듣지 못합니까? 경청하지 않기 때문입니다. 우리 심령의 주파수를 하나님의 말씀에 맞추고 있지 않기 때문에 세상 소리에 온 신경을 빼앗겨버렸습니다. 그러다보니 주님의 말씀이 아무리 강력하게 선포된다 해도 들을 수가 없습니다. 경청하는 심령이 없기 때문입니다.

컨설턴트 전문가 스티브 도나휴는 《사막을 건너는 여섯 가지 방법》(Shifting Sands)이라는 책을 썼습니다. 저자는 사하라 사막을 몇 차례 횡단한 경험을 토대로 사막에서 살아남기 위해 가장 필요한 것으로 나침반을 꼽았습니다. 지도에 의존하지 말고 나침반에 의존하라는 것입니다.

사실 사막에서는 지도가 소용이 없습니다. 지도는 어느 정도 고정된 지점들이 있어야 그럴 수 있기 때문에 온 사방이 모래 벌판뿐인 사막은 지도로 그려낼 수가 없습니다. 게다가 사막은 바람으로 인해 지형이 계속 변합니다. 그래서 사막에서 지도를 그린다는 것은 아무런 의미가 없습니다. 그러나 계속 같은 방향을 가리키는 나침반은 변하지 않습니다. 그래서 사막 여행에서는 반드시 나침반을 의지해야 합니다.

사막과 같은 이 세상에서 살아남기 위해서도 똑같은 원리가 적용됩니다. 자꾸 변하는 세상을 기준으로 그려진 지도를 의존할 게 아니라 변함없는 하나님의 말씀, 하늘과 땅이 없어질지라도 일점일획도 변하지 않을 하나님의 말씀을 붙들어야 합니다. 내 심령의 주파수가 그분의 말씀을 향해 맞춰져 있어야 합니다.

무엇을 들을 것인가

하박국 선지자는 하나님 앞에 많은 질문들을 가지고 나옵니다. "하나님 왜 이렇습니까? 왜 하나님의 백성들인 이스라엘 백성들은 쇠약해지고 있는데, 이스라엘의 적들은 흥왕합니까? 하나님이 진정으로 의의 하나님이시라면 말씀 좀 해주세요. 하나님, 저는 당신이 부르신 종입니다. 선지자입니다. 제가 선지자로서 하나님의 백성들에게 무슨 말이라도 해줘야 하는데 할 말이 없습니다. 무슨 말을 할 수 있겠습니까? 하나님, 언제까지 침묵을 지키고 계실 건가요?"

하박국서는 이처럼 하박국의 질문으로 시작됩니다. 그의 질문을 묵묵히 듣고 계시던 하나님께서 드디어 2장에서 말씀하십니다. 첫째, 의인은 믿음으로 말미암아 살리라는 말씀으로 믿음을 강조하셨습니다. 둘째, 물이 바다를 덮음같이 온 세상에 여호와의 영광이 가득한 날이 반드시 오리라는 말씀으로 미션을 향한 비전을 주십니다. 그리고 마지막으로 주신 말씀이 이것입니다.

오직 여호와는 그 성전에 계시니 온 땅은 그 앞에서 잠잠할지니라 하시니라 합 2:20

이는 "세상이 아무리 흔들려도 하나님은 그분의 보좌에 앉아 계신다. 세상의 일들을 보며 수많은 의문이 생기고 회의가 들지라도 하나님은 여전히 하나님이시다. 그 하나님이 살아 계시니 이제 온 천하는 그분 앞에 잠잠하여라"라는 말씀입니다.

세상에는 너무 많은 견해들이 있습니다. 이렇게 살아야 되고, 저렇게 살아야 되고…. 우리는 정치가들의 소리에 흔들리고, 매스컴의 소리에 흔들립니다. 하지만 이 많은 소리들은 우리에게 질문만 일으킬 뿐입니다. 그런데 그 질문 가운데 있는 우리에게 하나님이 여전히 주시는 대답은 이것입니다.

"오직 하나님은 그 성전에 계시니 천하는 그 앞에서 잠잠하라. 조용하라. 하나님의 음성을 들어라. 예배하면서 주님이 주시는 음성을 들어라. 광야와 같은 세상에서 살 수 있는 유일한 길은 네 주파수를 하나님께 맞추는 것이다. 변하는 세상의 지도를 따라 살지 말고, 하늘과 땅이 지나갈지라도 절대로 변하지 않는 하나님의 진리에 주파수를 맞추어라. 그러면 사막과 같은 이 세상에서 반드시 승리하게 될 것이다."

경청이 중요합니다. 하나님의 말씀이 기쁨이 되면, 그 말씀을 사모하게 됩니다. 사람의 말이 아니라 하나님의 말씀으로 듣게 되면, 항상 그 말씀을 갈망하게 됩니다. 그 말씀에서 그리스도의 영광을 보게 되면, 세상의 다른 것과 비교할 수 없는 하나님의 영광을 말씀으로 붙잡으며 살게 됩니다. 그래서 우리는 언제나 하나님의 말씀을 경청해야 합니다. 그냥 듣는 것에 그치지 말고 깊이 사모해야 합니다. 우리 모두가 하나님의 말씀을 경청하며, 세

상의 모든 영광과 비교할 수 없는 그리스도의 영광을 하나님의
말씀에서 발견할 수 있어야 합니다.

감정을 넘어서는 순종

둘째, 순종을 통해서 성장하는 성도들이 되십시오. 데살로니
가교회 성도들은 하나님의 말씀을 기쁨으로 받았습니다. 그리고
그 말씀에 순종했습니다. 그래서 믿음의 역사가 있었고, 사랑의
수고가 따랐던 것이고, 소망의 인내가 가능했던 것입니다. 그 모
든 것이 가능했던 것은 바로 그들이 순종했기 때문입니다. 하나
를 알고 그 하나에 순종하는 것이 열 개를 알고 아무것도 안 하
는 것보다 훨씬 낫습니다. 그들은 감정을 넘어 순종으로 이어지
는 태도로 말씀을 받았습니다.

그래서 사도 바울은 데살로니가교회 성도들에게 이렇게 말합
니다.

그러므로 형제들아 우리가 끝으로 주 예수 안에서 너희에게 구하
고 권면하노니 너희가 마땅히 어떻게 행하며 하나님을 기쁘시게
할 수 있는지를 우리에게 배웠으니 곧 너희가 행하는 바라 더욱

많이 힘쓰라 살전 4:1

형제 사랑에 관하여는 너희에게 쓸 것이 없음은 너희들 자신이 하나님의 가르치심을 받아 서로 사랑함이라 너희가 온 마게도냐 모든 형제에 대하여 과연 이것을 행하도다 형제들아 권하노니 더욱 그렇게 행하고 살전 4:9,10

사도 바울은 데살로니가교회 성도들이 행하는 모습을 보고 기뻐합니다. 그리고 더욱 행하는 자들이 되라고 권면합니다. 하나님의 말씀을 진정 기쁨으로 받아들이기 위해서는 말씀을 붙잡고 행해야 합니다. 이것이 핵심입니다. 말씀을 경청할 뿐만 아니라 그 말씀을 행하는 자리까지 나아갈 수 있는 우리 모두가 될 수 있기를 바랍니다.

합당한 자가 되기 위한 훈련

제가 1970년대에 미국에 이민갔을 당시 TV에서 〈That's Incredible〉(믿을 수 없는 이야기)이라는 다큐멘터리 프로그램을 방영하고 있었는데, 꽤 대중적인 인기를 끌었던 프로그램으로 기억합니다.

거기에 한번은 '왕들을 위해 준비된 말들'에 관한 내용이 나온 적이 있습니다. 각 나라의 왕들이 타는 말들은 어떻게 준비되는 가가 주 내용이었습니다. 혈통이 좋고 가장 높은 등급의 말은 사우디아라비아 말이라고 합니다. 각 나라 말 전문가들은 사우디아라비아에서도 손꼽힐 만한 수백 마리 말 중에서 단 몇 마리를 골라내는 작업을 합니다.

우선 준비된 말들을 눈으로 한 번 훑어보면서 몇 십 마리를 추려냅니다. 그리고 나서 그 수십 마리의 말을 훈련시킵니다. 고된 훈련을 통과한 말들만 간추리면 대략 스무 마리 정도가 남게 됩니다. 그중에서도 몇 마리를 따로 고르기 위해 마지막 훈련을 하는데, 무슨 일을 하는 중이든지 조련사가 호루라기를 불면 그 자리에 멈추는 것입니다.

그렇게 마지막 훈련을 마친 말들을 3일 정도 사막에다 풀어놓습니다. 사막은 말들이 살아남기 힘든 곳입니다. 그런 곳에서 지내게 하다가 3일 후에 말들을 데리고 돌아오면서 물이 있는 곳에 풀어놓습니다. 그러면 사막에서 기진맥진한 상태가 된 말들은 물 냄새를 맡는 순간 정신없이 물을 향해 달려갑니다. 그런데 달려간 말들이 물을 마시려 할 때, 조련사들이 호루라기를 붑니다.

그때 물을 향해 달려가던 것을 멈추는 말들은 두세 마리뿐입니다. 그 말들만이 '왕에게 합당한 말(Fit for a King)'이라는 이름을 얻게 됩니다.

이 다큐멘터리는 예수님을 인격적으로 믿고 난 후에 제게 새롭게 다가왔습니다. 세상의 왕을 섬기기에 합당해지기 위해서도 저렇게 순종하는 훈련을 받는데, 왕 중의 왕이신 하나님을 섬기는 내가, 본래 하나님이신 그분이 하나님과 동등 됨을 취할 것으로 여기지 아니하시고 자신을 낮추셔서 이 세상에 사람의 모양으로 오시고 죽기까지 나를 섬겨주신 예수님을 섬기는 순종을 훈련해 나간다는 것은 당연하다는 생각이 들었습니다.

제가 섬기고 있는 교회에서도 순종 훈련을 굉장히 강조합니다. 저는 훈련을 할 때마다 그때 그 다큐멘터리를 떠올립니다. 합격점을 받은 말들은 '왕에게 합당한 말(Fit for a King)'이 되지만 오직 한 분이신 왕을 섬기는 우리는 '오직 한 분의 왕에게 합당한 자(Fit for the King)'가 되어야 합니다.

우리가 예수를 믿으며 사는 인생은 한 번뿐입니다. 그 후에는 다 주님께로 가야 합니다. 다시 살 수 없는 인생입니다. 그러니 제대로 믿어봐야 하지 않겠습니까. 기왕이면 확실히 믿어야 하지 않겠습니까.

주님은 말씀하십니다.

우리가 다 하나님의 아들을 믿는 것과 아는 일에 하나가 되어 온전한 사람을 이루어 그리스도의 장성한 분량이 충만한 데까지 이르리니 엡 4:13

이것이 하나님이 교회를 세우신 가장 중요한 목적이라면 이 일을 제대로 해내기 위해 우리의 왕이신 그분께 합당한 자가 될 수 있도록 우리 자신을 훈련해야 합니다.

사도 바울은 자신의 몸을 쳐서 복종하도록 해야 한다고 말했습니다. 그래서 저는 성도들에게 훈련을 강조합니다. 제 자신도 이를 훈련하고 있습니다. 다른 사람들은 다 훈련시켜놓고 정작 나 자신은 버려진 바 될까봐 항상 저도 같이 훈련합니다.

훈련에서 중요한 것은 목적입니다. 우리는 하나님 앞에 합당한 그릇이 되어 그분을 섬길 수 있도록, 그분께 순종할 수 있도록 우리 자신을 드리고자 훈련합니다. 훈련을 받음으로 성숙하게 되어 순종하는 자리까지 나아가야 합니다.

세상의 수많은 소리로 인해 더러워지고 혼미해진 우리의 눈과 귀를 회개하고 깨끗하게 씻음을 받음으로 하나님 말씀을 경청할 수 있게 되기를 바랍니다. 그리고 그 영성을 가지고 주님의 말씀 앞에 순종할 수 있는 자들이 되어서 하나님의 말씀이 기쁘게 역사하는 교회를 이루어갈 수 있기를 바랍니다.

이제 중요한 것은 우리가 주님이 가르쳐주신 것을 붙잡고

다시 오실 예수님을 맞이할 준비를 해야 한다는 것입니다.

예수님이 다시 오실 때에 준비된 교회로,

준비된 하나님의 백성으로

주님 앞에 들려질 수 있도록 해야 한다는 것입니다.

다시 오실
주님을 준비하라

데살로니가전서 1장 8-10절

주의 말씀이 너희에게로부터 마게도냐와 아가야에만 들릴 뿐 아니라 하나님을 향하는 너희 믿음의 소문이 각처에 퍼졌으므로 우리는 아무 말도 할 것이 없노라 그들이 우리에 대하여 스스로 말하기를 우리가 어떻게 너희 가운데에 들어갔는지와 너희가 어떻게 우상을 버리고 하나님께로 돌아와서 살아 계시고 참되신 하나님을 섬기는지와 또 죽은 자들 가운데서 다시 살리신 그의 아들이 하늘로부터 강림하실 것을 너희가 어떻게 기다리는지를 말하니 이는 장래의 노하심에서 우리를 건지시는 예수시니라 다시 오실 예수님을 믿습니다!

성숙한 교회, 주님이 기뻐하시는 교회는 믿음의 역사가 있는 교회입니다. 하나님나라는 말에 있는 것이 아니라 능력에 있기 때문에 믿음으로만 가능한 역사가 있어야 합니다. 또 사랑의 수고와 소망의 인내가 있는 교회입니다. 하나님이 우리에게 소망을 주셨기 때문에 우리가 그 소망을 바라며 인내하는 것입니다. 또 하나님이 기뻐하시는 교회는 말씀을 기쁨으로 받는 교회입니다. 데살로니가교회가 바로 이런 교회였습니다.

이제 데살로니가교회를 통해 살펴볼 하나님이 기뻐하시는 교회의 또 다른 특징은, 다시 오실 주님 앞에 준비된 교회라는 것입니다. 데살로니가전후서 전체를 보면 이 부분이 가장 많이 부각되어 있습니다.

우리는 사도신경을 통해 우리의 신앙을 이렇게 고백합니다.

"주님은 하나님의 독생자입니다. 성령으로 잉태하셔서 동정녀 마리아에게서 나셨습니다. 그분은 본디오 빌라도에게 고난을 받으사 십자가에 달려 죽으셨습니다. 죽으신 지 사흘 만에 다시 살아나 하늘에 오르사 전능하신 하나님 우편에 앉아 계십니다. 또한 때가 되면 산 자와 죽은 자를 심판하러 오실 것입니다."

우리가 사도신경으로 신앙을 고백한다는 것은 우리가 예수님의 재림을 믿는다고 고백하는 것입니다. 그럼에도 우리는 이 부분에 대해 그다지 깊게 생각하지 않습니다. 예수님이 성령으로 잉태하셔서 동정녀 마리아에게서 나신 것과 십자가에서 죽으시고 부활하시고 승천하신 것, 하나님 우편에 계신 것은 많이 생각하고 믿음으로 붙잡습니다. 하지만 다시 오실 예수님에 대해서는 잘 생각하지 않는 경향이 있습니다. 물론 예수님이 다시 오실 거라고 알고는 있지만, 그것을 믿음의 기둥이라고 할 만큼 붙잡지는 않습니다.

정말 안타까운 것은 우리가 붙잡고 있지 않은 예수님의 재림을 사이비와 이단들이 너무나 남용하고 왜곡시키고 있다는 것입니다. 그들은 잘못된 가르침들로 교회까지 마구 흔들고 있습니다. 어쩌면 그에 대한 반작용으로 우리가 주님의 재림에 대해 더 외면하는 것인지도 모르겠습니다. 하지만 그래서는 안 됩니다. 예수님의 재림은 우리가 반드시 붙잡아야 할 소중한 소망이기 때문입니다.

두 갈래의 역사

성경은 우리가 아는 이 역사가 끝나면 새 하늘과 새 땅에서 하나님이 그분의 백성들과 함께 새로운 역사를 열어가실 거라고 말씀하십니다. 그런데 새 역사가 있기 전, 우리가 아는 역사를 살펴보면 그것이 두 갈래로 흐르고 있다는 것을 알 수 있습니다.

첫 번째는 오시는 예수님을 향해 흐르고 있는 구약의 역사입니다. 구약성경을 보면 모든 말씀들이 예수님을 가리키고 있습니다. 율법의 완성이 되시는 예수님, 예언서의 완성이 되시는 예수님, 모든 찬양과 지혜의 근원이 되시는 예수님에게로 모든 말씀들이 흘러갑니다.

두 번째는 다시 오실 예수님을 향해 흐르고 있는 신약의 역사입니다. 예수님이 다시 오실 때 우리가 알고 있는 역사가 끝나고 새 하늘과 새 땅이 열리는 새로운 역사가 시작될 것입니다. 그리스도께서 모든 만물 위에 서실 때 교회와 함께 머리로 만물 위에 서실 것입니다. 그때 주님의 단장된 신부인 교회는 주님과 함께 왕 노릇 할 것이지만, 그때까지는 다시 오실 예수님을 향해 흐르는 역사 속에 살아갑니다. 성경은 다시 오실 예수님에 대해 가르치면서 끝이 납니다. 그런 만큼 다시 오실 예수님을 믿는 것은 우리에게 무엇보다 중요합니다.

그런데 우리는 다시 오실 예수님을 얼마나 인식하며 살고 있습니까? 다시 오실 예수님 앞에서 제대로 살고 있습니까? 다시 오실 예수님에 대해서 제대로 알고는 있습니까? 많은 사람들이 이 부분을 놓치고 있습니다. 그러나 데살로니가교회는 다시 오실 예수님에 대해 철저하게 의식하고 있었고, 사모했으며, 그분 앞에서 살아가고 있었습니다.

데살로니가전서와 후서를 자세히 읽어보면, 다시 오실 예수님에 대한 내용이 제일 많음을 볼 수 있습니다. 그 정도로 데살로니가교회는 재림하시는 예수님에게 집중했습니다. 바로 이것이 데살로니가교회를 하나님이 기뻐하시는 교회로 만들었습니다.

또 죽은 자들 가운데서 다시 살리신 그의 아들이 하늘로부터 강림하실 것을 너희가 어떻게 기다리는지를 말하니 이는 장래의 노하심에서 우리를 건지시는 예수시니라 살전 1:10

따라서 우리도 데살로니가교회처럼 성숙한 교회, 주님이 기뻐하시는 교회가 되기 위해서는 다시 오실 예수님을 의식하며 그분 앞에서 살아야 합니다.

데살로니가교회의 첫 번째 오해

다시 오실 예수님을 간절히 사모하고 기다렸던 데살로니가교회에도 문제가 있었습니다. 그것은 예수님의 재림에 대해 몇 가지 오해를 하고 있었다는 것입니다. 첫 번째 오해는 이미 세상을 떠난 자들에 대한 것이었습니다.

형제들아 자는 자들에 관하여는 너희가 알지 못함을 우리가 원하지 아니하노니 이는 소망 없는 다른 이와 같이 슬퍼하지 않게 하려 함이라 살전 4:13

데살로니가교회 성도들은 예수님이 곧 다시 오실 거라고 생각했습니다. 그들 생애 안에 예수님이 반드시 다시 오실 거라는 믿음이 그들 마음 안에 확고히 있었습니다. 그래서 예수님이 다시 오시면 믿는 자들을 주님 품에 안으시고 하나님나라로 인도하실 거라고 굳게 믿었습니다.

그런데 아직 예수님이 오시지도 않았는데 죽는 자들이 생겼습니다. 그들 마음속에 이런 의문이 들었습니다.

'곧 주님이 다시 오셔서 우리를 데리고 하나님나라로 인도하실 텐데, 예수님이 오시기 전에 먼저 죽은 우리의 형제들은 어떻게 되는 것이지?'

이런 의문과 오해에 대해 사도 바울은 이렇게 말합니다.

우리가 예수께서 죽으셨다가 다시 살아나심을 믿을진대 이와 같이 예수 안에서 자는 자들도 하나님이 그와 함께 데리고 오시리라 우리가 주의 말씀으로 너희에게 이것을 말하노니 주께서 강림하실 때까지 우리 살아남아 있는 자도 자는 자보다 결코 앞서지 못하리라 주께서 호령과 천사장의 소리와 하나님의 나팔 소리로 친히 하늘로부터 강림하시리니 그리스도 안에서 죽은 자들이 먼저 일어나고 그 후에 우리 살아남은 자들도 그들과 함께 구름 속으로 끌어 올려 공중에서 주를 영접하게 하시리니 그리하여 우리가 항상 주와 함께 있으리라 그러므로 이러한 말로 서로 위로하라 살전 4:14-18

'예수 안에서 자는 자들' 곧 죽은 자들도 예수님이 다시 오실 때에 데리고 오실 것이며, 예수님이 오실 때까지 살아남은 자도 먼저 죽은 자들보다 결코 앞서지 못할 거라는 설명입니다. 사도 바울은 또 다른 곳에서 이렇게 설명합니다.

> 나팔 소리가 나매 죽은 자들이 썩지 아니할 것으로 다시 살아나고 우리도 변화되리라 고전 15:52

먼저 죽은 자들의 영이 주님과 함께 있다가 주님과 함께 올 것인데, 그때 그들의 몸은 썩어지지 않는 몸으로 부활하여 그 영혼과 합하게 될 것이며, 그 후에 살아 있는 자들도 그들과 함께 구름 속으로 끌어올려 공중에서 예수님을 만나게 된다는 뜻입니다. 그리고 그곳에서 새 역사를 펼치시는 주님과 함께 왕 노릇하게 될 것입니다.

먼저 죽은 자는 먼저 주님께로 가는 것입니다. 그들은 주님이 다시 오실 때 썩어지지 않는 몸으로 다시 일어나 그 영혼과 합하여서 영광스러운 몸으로 주님과 함께 왕 노릇 할 것입니다. 또 살아 있는 우리는 영광스러운 몸으로 변화되어 주님과 연합하게 될 것입니다.

이 모든 설명 가운데 핵심은 우리는 살아 있으나 죽어 있으나 항상 주님과 함께 있다는 것입니다. 주님이 다시 오실 때에는 살 았든지 죽었든지 우리 모두 다 영광스러운 몸을 다시 얻어 주님 과 함께 영원히 왕 노릇 하며 살게 되리라는 것입니다.

데살로니가교회의 두 번째 오해

데살로니가교회가 가지고 있던 두 번째 오해는 시간에 대한 오 해였습니다. 그들은 예수님이 곧 다시 오실 거라고 믿고 있었기 때문에 과연 그 '곧'이 어느 정도의 시간인지, 시간에 대해서도 의 문이 생겼습니다.

'예수님은 과연 언제 오시는 것인가? 금방 오신다고 했는데, 우 리의 생애 안에 오시는가? 아니면 우리 자녀들 세대에 오시는 것 일까?'

믿지 않는 자들은 그들을 조롱합니다.

"예수님이 금방 다시 오신다고 하더니 도대체 언제 오시는 거 냐? 어제도 안 오셨고, 오늘도 안 오셨고, 내일도 분명 오시지 않 을 거다!"

그래서 그들은 더욱 혼란스러웠습니다. 그런 그들에게 사도 바울은 분명하게 이야기합니다.

> 형제들아 때와 시기에 관하여는 너희에게 쓸 것이 없음은 주의
> 날이 밤에 도둑같이 이를 줄을 너희 자신이 자세히 알기 때문이
> 라 그들이 평안하다, 안전하다 할 그때에 임신한 여자에게 해산
> 의 고통이 이름과 같이 멸망이 갑자기 그들에게 이르리니 결코 피
> 하지 못하리라 살전 5:1-3

때와 시기에 관해서는 더 이상 할 말도 없고 그것은 우리의 알
바도 아니요 권한도 아니라는 것입니다.

사도행전 1장에 제자들이 예수님에게 "주님, 주님이 이스라엘
나라를 회복하시는 것이 바로 이때입니까?"(행 1:6 참조)라고 묻
는 장면이 나옵니다. 그때 예수님은 이렇게 대답하십니다.

> 이르시되 때와 시기는 아버지께서 자기의 권한에 두셨으니 너희
> 가 알 바 아니요 오직 성령이 너희에게 임하시면 너희가 권능을
> 받고 예루살렘과 온 유대와 사마리아와 땅 끝까지 이르러 내 증
> 인이 되리라 하시니라 행 1:7,8

예수님이 이렇게까지 분명히 말씀하셨는데, 왜 그토록 많은 사람들이 그 때와 시기에 대해 쓸데없는 추측을 하며 에너지를 낭비하는지 모르겠습니다. 예수님이 "때와 시기는 너희의 권한이 아니다"라고 하셨으면, 그 말씀을 그대로 믿고 나아가면 되는 것입니다. 그것이 우리에게 유익하기 때문에 예수님이 그렇게 말씀하신 것입니다.

아마도 예수님이 정확한 때와 시기를 알려주셨다면 우리에게 유익은커녕 커다란 혼란만 초래했을 것입니다. 초대교회 때는 물론이고 지금까지도 사이비와 이단들은 계속해서 때와 시기를 가지고 헛된 계산을 하며 하나님의 성도들을 미혹하고 있습니다. 그러나 우리는 분명히 기억해야 합니다. 때와 시기에 관해서는 우리가 더 이상 알 것도 없고, 우리의 권한도 아니란 것을 말입니다.

다만 우리는 그때가 도둑같이 이를 것을 알고 있습니다. 사도 바울이 가르친 대로, 그때는 임신한 여자에게 해산의 고통이 갑자기 이르는 것같이 그렇게 갑자기 이를 것입니다. 믿지 않는 자들이 "평안하다, 안전하다"라고 하며 안심하고 있을 때, 주님께서 홀연히 나타나 그들을 심판의 자리로 이끄실 것입니다.

그러니 우리는 주님이 다시 오실 그때를 준비하며 살아야 합니다. 사도 바울은 이렇게 당부합니다.

형제들아 너희는 어둠에 있지 아니하매 그날이 도둑같이 너희에게 임하지 못하리니 너희는 다 빛의 아들이요 낮의 아들이라 우리가 밤이나 어둠에 속하지 아니하나니 그러므로 우리는 다른 이들과 같이 자지 말고 오직 깨어 정신을 차릴지라 살전 5:4-6

예수님을 믿지 않는 자들은 그날을 준비하지 않습니다. 그들은 밤에 속했기 때문에 그날이 도둑같이 이르는 줄 알지 못하고 세상의 쾌락 속에 빠져 흥청망청 시간을 보냅니다. 그러나 예수님을 믿는 우리는 빛의 아들이요 낮의 아들입니다. 밤에 속하지 아니하고 낮에 속한 자들입니다. 그때가 도둑같이 임하는 줄 아는 자들입니다. 그러니 우리는 항상 준비된 모습으로 다시 오실 주님을 기다려야 합니다. 그때가 되면 우리는 영광스럽게 주님을 만날 것입니다.

데살로니가교회의 세 번째 오해
세 번째 오해는 예수님이 이미 강림하셨다는 그릇된 소식에서 비롯된 것이었습니다.

형제들아 우리가 너희에게 구하는 것은 우리 주 예수 그리스도의 강림하심과 우리가 그 앞에 모임에 관하여 영으로나 또는 말로나 또는 우리에게서 받았다 하는 편지로나 주의 날이 이르렀다고 해서 쉽게 마음이 흔들리거나 두려워하거나 하지 말아야 한다는 것이라 살후 2:1,2

데살로니가교회 성도들은 예수님이 이미 강림하셨다는 소문을 들었습니다. 오늘날 사이비와 이단들도 이런 주장을 많이 합니다. 사도 바울은 이에 대해 다음과 같이 단언합니다.

누가 어떻게 하여도 너희가 미혹되지 말라 먼저 배교하는 일이 있고 저 불법의 사람 곧 멸망의 아들이 나타나기 전에는 그날이 이르지 아니하리니 그는 대적하는 자라 신이라고 불리는 모든 것과 숭배함을 받는 것에 대항하여 그 위에 자기를 높이고 하나님의 성전에 앉아 자기를 하나님이라고 내세우느니라 살후 2:3,4

예수님이 다시 오시기 전에 반드시 이런 일들, 곧 먼저 배교하는 일과 불법의 사람이 나타나는 일이 일어난다는 것입니다. 다른 신은 물론이고 하나님조차도 자기의 발아래에 두려고 하며,

하나님의 자리에 자기가 올라서서 전 세계의 종교를 통일하고 자기를 가리켜 하나님이라고 할 자가 반드시 온다는 것입니다. 그러므로 그 일이 있기 전에는 주님이 오셨다고 하는 말들을 믿을 필요가 없습니다. 이것이 사도 바울이 말하고자 하는 바의 핵심입니다.

그런데 그런 자가 나타나고 주님이 오시게 되면 무슨 일이 벌어질까요?

> 그때에 불법한 자가 나타나리니 주 예수께서 그 입의 기운으로 그를 죽이시고 강림하여 나타나심으로 폐하시리라 살후 2:8

그때에 예수님은 이 땅에 강림하시어 그 입의 기운으로 그를 죽이시고 폐하실 것입니다. 그리고 모든 만물 위에 왕으로 나타나시게 될 것입니다. 그러니 우리는 두려워할 것이 아니라 기쁨과 감사로 다시 오실 예수님을 바라보고 기다려야 합니다.

데살로니가교회는 이처럼 몇 가지 오해를 가지고 있었지만, 분명 그들은 예수님의 다시 오심을 갈망하며 다시 오실 주님 앞에서 살고 있었습니다. 그래서 사도 바울이 그들의 오해를 바로잡아주고 그들이 바른 믿음 안에서 다시 오실 예수님을 바라볼 수 있도록 도와주고 있는 것입니다.

우리도 마찬가지입니다. 우리는 예수님이 다시 오시는 것에 대해 다 알지 못합니다. 성경에서 가르쳐주는 것만큼만 알고 있을 뿐입니다. 더 이상은 알 필요가 없습니다. 그렇기 때문에 알려주지 않으신 것입니다. 그러나 이미 성경이 가르쳐준 것만으로도 예수님이 다시 오실 때에 어떤 징조가 있을 것이며, 어떤 일들이 일어날지에 대해 알 수 있습니다. 다 알려주진 않으셨지만, 충분할 만큼은 알려주셨기 때문입니다.

이제 중요한 것은 우리가 주님이 가르쳐주신 것을 붙잡고 다시 오실 예수님을 맞이할 준비를 해야 한다는 것입니다. 예수님이 다시 오실 때에 준비된 교회로, 준비된 하나님의 백성으로 주님 앞에 들려질 수 있도록 해야 한다는 것입니다.

오늘날의 역사는 분명 다시 오실 예수님을 향해 가고 있습니다. 우리는 그때를 준비하며 살아야 합니다. 저는 그때를 준비하기 위해 갖추어야 할 모습으로 세 가지를 권면하고 싶습니다.

서로 격려하라

첫째, 주 안에서 서로 격려합시다. 다시 오실 주님 앞에 우리가 제대로 서 있으려면 서로 격려하며 살아야 합니다.

그러므로 이러한 말로 서로 위로하라 살전 4:18

사도 바울은 데살로니가전서 4장 13절부터 주님 오시기 전에 먼저 죽은 자들에 대한 오해를 풀어주면서 그 결론으로 이렇게 말하고 있습니다.

"서로 위로하라."

시간에 대한 오해를 풀어주고 있는 데살로니가전서 5장 1절부터 11절까지의 말씀도 마찬가지입니다. 사도 바울은 그 결론으로 이렇게 말합니다.

그러므로 피차 권면하고 서로 덕을 세우기를 너희가 하는 것같이 하라 살전 5:11

서로 권면하라는 것입니다. 사실 우리가 믿음의 역사, 사랑의 수고, 소망의 인내를 가지고 살려고는 하지만 힘들 때가 많습니다. 믿음으로 살려고 하면서도 믿음이 바닥날 때가 있습니다. 사랑으로 산다고 하면서도 지칠 때가 있습니다. 소망을 붙잡고 살려 하지만 소망이 끊어질 때가 있습니다. 다시 오시는 주님 앞에서 믿음, 소망, 사랑을 붙들고 살아야 하는데 바닥날 때가 너무 많습니다. 그럴 때 서로 격려하자는 것입니다. 서로 위로하자는 것입니다.

히브리서 10장에 이런 말씀이 있습니다.

> 서로 돌아보아 사랑과 선행을 격려하며 모이기를 폐하는 어떤 사람들의 습관과 같이 하지 말고 오직 권하여 그날이 가까움을 볼수록 더욱 그리하자 히 10:24,25

우리가 서로 돌아보며 격려해야 하는데, 특히 그날이 가까이 올수록 더욱 그렇게 하자는 것입니다. 그날이 가까워오면 더 힘이 들고 믿음이 바닥날 때가 많아지기 때문입니다. 그럴 때 서로 격려함으로 함께 서 가자는 것입니다.

지금 이것이 전부가 아니다

창세기 42-44장에 보면, 애굽에 곡식을 사러 갔던 요셉의 형제들이 함정에 빠지는 장면이 나옵니다. 이스라엘에 흉년이 들자 야곱은 아들들에게 애굽에 가서 식량을 사오도록 합니다. 그런데 애굽의 총리였던 요셉이 자기를 애굽에 노예로 팔았던 형제들을 보고 시험하고자 그들을 정탐꾼으로 몰아갑니다. 그리고 형제 중 하나인 시므온을 인질로 잡고 막내 베냐민을 데리고 다시 오라고 명령합니다. 그렇게 하면 정탐꾼이 아니라는 말을 믿어주겠다고 말입니다.

요셉으로서는 형들을 시험하여 그들과 대면하고 화해할 준비를 하는 것이었으나, 형들은 그 사실을 알 리가 없었습니다. 이스라엘로 돌아와 아버지 야곱에게 이 같은 사실을 말하자 야곱은 큰 슬픔에 빠집니다. 이미 오래전에 가장 사랑하는 아들 요셉을 잃었는데, 이제 시므온과 베냐민까지 잃게 되었으니 "내가 죽고 말 것이다"라고 말하며 슬퍼합니다.

간신히 야곱을 설득한 형제들은 베냐민을 데리고 애굽으로 가지만 다시 한번 요셉의 시험에 빠지게 됩니다. 베냐민을 남겨놓고 가라는 요셉의 말에 유다가 나서서 베냐민 대신 자신이 남겠다고 간청합니다.

그러나 하나님께서는 바로 다음에 이어지는 45장에서 가족의 새로운 연합을 준비하고 계십니다. 오래전에 죽은 줄 알았던 요셉이 멀쩡히 살아 있으며, 그뿐만 아니라 강국의 총리가 되어 있었고, 요셉으로 말미암아 온 가족과 이스라엘 백성이 기근에서 살아남을 수 있게 되었습니다. 그로 인해 그의 가족들은 새로운 연합을 이룰 수 있었습니다.

또한 야곱의 열두 아들들을 통해, 아브라함에게 주신 '나라가 되게 하리라'라는 하나님의 언약이 곧 이루어지려는 놀라운 지점에 와 있는 것입니다. 이것이 바로 너머에 예비되어 있었습니다. 그러나 '오늘'이라는 배경에 갇혀 그 이상을 보지 못하는 야곱은 지금 죽을 지경입니다.

우리가 바로 그런 모습입니다. 우리는 '오늘' 이상을 보지 못합니다. 내가 살고 있는 환경이 전부인 것처럼 생각합니다. 조금만 더 지나면 하나님이 가장 큰 복을 예비해주실 텐데, 바로 지금 이 순간이 하나님의 언약이 성취되기 직전인데, 그 너머를 보지 못하는 까닭에 더는 못 견디겠다고 하는 것입니다. 그게 우리의 모습입니다.

우리는 이 시간을 넘어가야 합니다. 하나님의 약속을 향해 가기 위해서는 이 시간을 건너가야 합니다. 그러기 위해서는 위로하고 서로 격려하며 건너가야 합니다. 서로의 아픔을 나눌 수 있어야 합니다.

두 번째로 우리는 깨어 있어 거룩한 삶을 추구해야 합니다.

그러므로 우리는 다른 이들과 같이 자지 말고 오직 깨어 정신을
차릴지라 살전 5:6

그렇다면 '깨어 정신을 차린다'는 것은 어떻게 하는 것을 말합
니까? 사도 바울은 이렇게 가르칩니다.

하나님의 뜻은 이것이니 너희의 거룩함이라 곧 음란을 버리고
살전 4:3

주님 앞에 깨어 있다는 것은 곧 거룩한 삶을 추구하는 것을 말
합니다. 많은 성도들이 이런 질문을 합니다.
"하나님의 뜻이 뭔가요? 하나님의 뜻을 가르쳐주세요."
이 말씀에서 보는 것처럼 하나님의 뜻은 우리의 거룩함입니다.
우리는 언제 오실지 모르는 주님을 예비하며 늘 깨어 있어 그분의
거룩함을 추구해야 합니다.
네비게이토선교회의 사역자 제리 브릿지즈의 책 《거룩한 삶의

추구》(The pursuit of holiness)에 이런 글이 있습니다.

"전장에 나가면서 부상을 덜 입기를 바라는 군인을 생각할 수 있겠습니까? 질문 자체가 이상합니다. 물어보나마나 그들은 부상을 하나도 입지 않기를 바랄 것입니다. 우리가 거룩한 삶에 대한 결단에 단 한 가지라도 예외를 둔다면, 전장에 나가면서 부상을 덜 입기 바라는 군인과 다를 바가 없습니다. 우리의 바라는 바가 그 정도밖에 안 된다면 우리는 틀림없이 다치게 될 것입니다. 총탄이 아닌 계속되는 유혹탄으로 부상을 입게 될 것입니다."

어머니가 전쟁터로 떠나는 아들을 꼭 껴안으면서 "전쟁터에 가면 몸조심해라. 꼭 살아 돌아와야 한다"라고 하시는데, 아들이 "네, 어머니. 제가 명심하고 최선을 다해서 가능한 한 총알을 많이 맞지 않도록 조심할게요"라고 대답한다고 생각해 보십시오.

총알은 한 발만 맞아도 죽습니다. 우리가 거룩을 결단할 때 '최대한, 가능한'이라는 여유를 둔다면, 우리는 분명 유혹탄에 맞아 죽고 말 것입니다. 그런데 이 세상을 사는 우리는 많은 경우에 이렇게 변명하곤 합니다.

"좋아요. 우리도 육신을 가지고 있으니 완벽할 수는 없고, 한 번 최선을 다해봅시다. 최선을 다해 유혹을 이겨보도록 할게요."

이것은 말이 안 된다는 것입니다. 총알은 한 발만 맞아도 죽을 수 있는 것인데, 최선을 다해 피해보고 아니면 어쩔 수 없다는 식으로 생각하면 안 됩니다. 즉, 이 말의 요지는 거룩을 생명처럼 알고 추구하자는 것입니다.

주님의 뜻은 '우리의 거룩함'입니다. 성경은 분명히 가르쳐줍니다. 물론 우리는 완벽하게 거룩할 수 없습니다. 그러나 방향만큼은 확실해야 합니다. 하나님의 뜻을 향한, 거룩을 향한 우리의 방향만큼은 확실해야 한다는 것입니다. 그것이 매 순간 하나님 앞에서 주님의 오심을 예배하며 사는 삶입니다.

코람데오의 삶

종교개혁자들이 구호처럼 항상 외친 단어가 있습니다. '코람데오(Coram Deo)'입니다. 이는 '하나님의 얼굴 앞에서'라는 뜻입니다. 우리가 언제 어디서나 하나님의 얼굴 앞에서 살자는 것입니다. 이런 자세가 오늘날 우리에게 필요합니다.

제한속도가 80킬로미터인 고속도로라도 뻥 뚫린 길을 달리다 보면 규정속도를 지켜 달리는 차들이 별로 없습니다. 하나같이 90킬로미터, 100킬로미터로 달립니다. 그런데 어느 순간 갑자기 속도를 낮춰 달리는 곳이 있습니다. 왜 그렇습니까? 어딘가에 속도위반 단속 카메라가 있거나 경찰차가 있는 것입니다. 카메라와 경찰차를 의식해서 규정 속도대로 달리는 것입니다.

불법을 행하던 운전자가 카메라와 경찰차를 의식하듯 우리는 항상 예수님을 의식하며 살아야 합니다. 그래야 거룩한 삶을 살 수 있습니다. 물론 쉽지 않습니다. 하지만 이것은 그만큼 중요한 훈련입니다.

저는 여행을 다닐 때 될 수 있으면 아내와 함께 다니려고 합니다. 아니면 비서 목사님과 함께 다니는 경우가 많습니다. 그러나 피치 못하게 그러지 못하고 혼자 다닐 때가 있습니다. 그럴 때면 제게 주어진 자유가 새삼스럽게 느껴집니다. 호텔에 들어가면 아무도 보는 사람 없이 저 혼자입니다. 저 하고 싶은 대로 다 할 수 있습니다. 그러나 그때 하나님께서 보고 계십니다. 그 사실을 기억하고 주님을 의식하면 제 마음대로 할 수가 없습니다. 우리는 늘 이렇게 주님 앞에서 살아야 합니다.

주의 신실하심을 붙잡으라

세 번째, 우리는 예수님 앞에서 살기 위해 하나님의 신실하심을 붙잡아야 합니다.

너희 마음을 굳건하게 하시고 우리 주 예수께서 그의 모든 성도
와 함께 강림하실 때에 하나님 우리 아버지 앞에서 거룩함에 흠
이 없게 하시기를 원하노라 살전 3:13

사도 바울은 주님이 재림하실 때 우리가 하나님 아버지 앞에서
거룩함에 흠이 없게 하시기를 원한다고 기도하고 있습니다. 우리
의 모습을 생각해 볼 때 별로 이루어질 수 있을 것 같지 않은 기도
제목입니다. 그런데 사도 바울은 왜 불가능해 보이는 이런 기도
를 드리는 것입니까? 다음의 말씀을 연결해 보면 분명히 알 수 있
습니다.

또 주께서 우리가 너희를 사랑함과 같이 너희도 피차간과 모든
사람에 대한 사랑이 더욱 많아 넘치게 하사 너희 마음을 굳건하
게 하시고 우리 주 예수께서 그의 모든 성도와 함께 강림하실 때
에 하나님 우리 아버지 앞에서 거룩함에 흠이 없게 하시기를 원
하노라 살전 3:12,13

이 말씀의 주어는 '주께서', 즉 예수님입니다. 주께서 우리의 마
음을 굳건하게 하셔서 하나님 앞에서 거룩하게 살도록 해주시기

를 원한다는 것입니다.

우리는 신실하지 못합니다. 우리가 아무리 결단해도 결코 완벽할 수 없습니다. 그러나 방향만 확실하다면 주께서 그렇게 해주신다는 것입니다. 그래서 주님이 다시 오실 때에 우리가 거룩함에 흠이 없는 모습으로 서 있을 수 있습니다. 주께서 하십니다. 그러므로 우리는 주님의 신실하심을 붙잡아야 합니다.

또 다른 말씀을 봅시다.

평강의 하나님이 친히 너희를 온전히 거룩하게 하시고 또 너희의 온 영과 혼과 몸이 우리 주 예수 그리스도께서 강림하실 때에 흠 없게 보전되기를 원하노라 너희를 부르시는 이는 미쁘시니 그가 또한 이루시리라 살전 5:23,24

이 말씀의 주어는 '평강의 하나님'입니다. 평강의 하나님이 친히 우리를 온전히 거룩하게 하신다는 것입니다. 우리를 부르시는 분이 미쁘시기에 그분이 이루신다는 것입니다. 우리가 하는 것이 아닙니다. 그렇기 때문에 중요한 것은 하나님의 신실하심을 붙잡는 것입니다.

하나님이 미리 아신 자들을 또한 그 아들의 형상을 본받게 하기 위하여 미리 정하셨으니 … 또 미리 정하신 그들을 또한 부르시고 부르신 그들을 또한 의롭다 하시고 의롭다 하신 그들을 또한 영화롭게 하셨느니라 롬 8:29,30

하나님께서는 미리 아신 자들이 그 아들의 형상을 본받도록 미리 정하셨습니다. 우리가 그분을 본받는 것이 아니라 미리 정하시어 우리를 부르신 하나님이 하신다는 것입니다. 우리가 주님 안에 거하여 주님의 신실하심을 붙잡으면 주님이 우리를 신실하게 인도하십니다.

예수님의 족보에 담긴 신실하심

신약성경의 가장 첫 페이지에는 예수님의 족보가 나옵니다. 그 족보에는 세 그룹이 등장합니다. 첫 번째 그룹은 아브라함으로 시작하는 족장들입니다. 두 번째 그룹은 왕들입니다. 세 번째 그룹은 바벨론으로 추방당한 자들입니다. 그들로부터 예수님의 족보가 시작됩니다.

다 인정할 수 있는 것은 아니지만 그래도 첫 번째 그룹과 두 번째 그룹이 예수님의 족보에 등장하는 것은 이해가 됩니다. 그런데 세 번째 그룹은 역사에서 잊혀진 그룹입니다. 만약 인간적으로 역사책을 기록했다면 절대 기록되지 않을 이름들입니다. 그런데 그 이름들이 버젓이 예수님의 족보에 나오고 있습니다.

저는 마태복음 1장을 보면서 이런 묵상을 했습니다.

'주님은 우리를 부끄러워하지 않으신다.'

그 족보에는 부끄러운 이름들이 많이 나옵니다. 스캔들로 쓰러진 인물들, 잊혀진 인물들도 기록되어 있습니다. 그들은 완벽하지 않았지만 주님은 그들을 부끄러워하지 않으셨습니다.

"나는 저들로 말미암아 이 땅에 났으며, 저들과 하나가 된 사람이다."

마치 예수님이 이렇게 외치시는 것 같습니다.

그리고 저는 그 족보에서 하나님의 신실하심을 봅니다. 예수님이 이런 역사 가운데 오신 것은 '하나님의 신실하심'으로밖에 설명할 길이 없습니다.

족장 그룹 중에 보면, 유다가 며느리인 다말을 통해 낳은 아들인 베레스가 있습니다. 왕들 중에도 하나님께 교만한 죄로 문둥병자가 되어 죽었던 웃시야도 나옵니다. 솔로몬 역시 '다윗이 밧세바와 함께하여 낳은 아들'이라고 하지 않고, '다윗이 우리아의 아내를 통해서 낳은 아들'이라고 기록되어 있습니다.

그 모든 실패와 부끄러움, 모든 아픔 가운데서도 하나님이 신실하셨기 때문에 예수님이 이 땅에 오실 수 있었습니다. 우리는 이처럼 실패작이고 부끄러운 존재이지만, 우리가 역사를 썼다면 절대 포함하지 않았을 이름들까지도 하나님은 포기하지 않으셨습니다. '이들 모두 다 내 백성이다'라고 선포하고 계신 것입니다. 하나님의 그 신실하심을 붙드시기 바랍니다.

오늘 볼 수 없는 것을 붙드는 믿음

제가 2010년에 미국에서의 사역을 정리하고 한국으로 들어오게 되었을 때, 지난 20여 년의 사역을 돌아보게 되었습니다. 그러다 놀라운 일을 발견했습니다. 제 사역 기간 중에 하나님께서 가장 큰 영적인 돌파를 이루게 하신 해가 2007년이었습니다. 그해에 중요한 영적인 열매들이 많이 맺히는 일들이 활발하게 있었습니다.

그런데 개인적으로는 2007년이 굉장히 어려운 한 해였습니다. 그때 제 아내가 암으로 6개월 간 투병했고, 섬기던 교회의 리더십들과 이상하게 틀어지고 갈등이 생기며 모든 것이 맞지 않았습니다. 정말 힘들었습니다. 그때 처음으로 '목회를 그만둘까'라는 생각을 했을 정도였습니다. 그전에도, 그 후에도 단 한 번도 목회를 그만두어야겠다고 생각한 적이 없었는데, 그때는 너무 힘들어서 유일하게 그런 생각까지 들었습니다.

제게는 너무나 어렵고 힘든 한 해였는데, 그래서 빨리 지나가기만을 바랐던 한 해였는데, 지나고 돌아보니 중요한 사역들은 그 해에 다 이루어진 것입니다. 그 사실을 깨닫고 얼마나 놀랐는지 모릅니다.

그러면서 우리의 모든 사역과 모든 인생이 다 하나님의 신실하심으로 이루어진다는 것을 뼈저리게 깨달았습니다. 제가 잘나서 목회하는 게 아니라 하나님의 신실하심으로 하는 것입니다. 그러면서 '믿음'에 대해 저 나름대로 좀 더 확실하게 정리하는 기회가 되었습니다.

리더십 분야의 탁월한 전문가이자 태평양 연안 지역에 100여 개의 교회를 세운 웨인 코데이로(Wayne Codeiro)는 믿음을 이렇게 정의합니다.

"믿음이란 나중에 뒤돌아보면 알 수 있는 그것을 오늘 미리 붙잡고 사는 것이다."

정말 기가 막힌 정의입니다. 2007년에 저는 그저 힘들기만 했습니다. 그럼에도 그때에는 결코 알 수 없었던 것들, 훗날 돌아봐야만 알 수 있는 것을 붙들고 전진할 수밖에 없었습니다. 그것이 그때를 지나는 저의 믿음이었습니다. 그렇게 그 순간을 지내고 돌아보니, 그 어려움 속에서 놀라운 영적인 돌파들이 일어났습니다. 그것을 붙들고 사는 것이 믿음입니다.

이것이 어떻게 가능합니까? 하나님의 신실하심 때문입니다. 교회에 소망이 딱 하나 있다면, 그것은 하나님의 신실하심입니다. 피 값을 주고 교회를 사신 하나님이 신실하시기 때문에 우리는 그분의 신실하심을 붙들면 되는 것입니다.

우리가 사는 오늘이 아무리 힘들어도, 꼭 사방이 막힌 것 같은 시기를 지나가고 있을지라도, 하나님께서 신실하시기 때문에 나중에 뒤를 돌아보면 알게 될 것입니다.

지금 견딜 수 없을 만큼 고통스럽습니까? 그렇기 때문에라도 우리는 지금 이 순간 하나님의 신실하심을 철저하게 붙잡아야 하는 것입니다.

다시 오실 주님 앞에 우리가 어떻게 온전히 설 수 있겠습니까? 우리 교회가 어떻게 온전한 교회로 설 수 있겠습니까? 우리가 어떻게 주님 오실 때에 흠 없이 거룩한 모습으로 설 수 있겠습니까? 답은 하나입니다. 하나님의 신실하심을 붙들어야 합니다. 하나님의 신실하심을 붙들기만 한다면 우리에게 소망이 있습니다.

마지막 나팔 소리를 예비하자

성경은 마지막 때에 하나님의 나팔 소리가 들리면 믿지 않는 자들이 벌벌 떨 것이라고 묘사하고 있습니다. 너무나 두려워서 "바위야, 산아, 내 위에 무너져라! 나를 덮어라"라고 할 것이라는 것입니다(호 10:8 참조).

그런데 똑같은 나팔 소리가 믿는 자들에게는 영광스럽게 들릴 것입니다. 간절히 기다렸던 소리였기 때문입니다. 똑같은 나팔 소리인데 이렇게 달리 들리는 것은 다시 오실 주님 앞에서 우리가 지금 어떤 모습으로 살고 있는가에 따라 좌우됩니다. 다시 오실 주님을 기다리며 그 주님 앞에 깨어 준비된 모습으로 살아가고 있다면, 주님의 그 마지막 나팔 소리는 나를 향한 천국의 웅장한 환영가로 들릴 것입니다.

그러기 위해 우리는 주님 앞에서 깨어 있어야 합니다. 믿음의 역사가 있는 삶, 사랑의 수고가 있는 삶, 소망의 인내가 있는 삶을 살아감으로 주님께 기쁨이 되어야 합니다. 주님의 말씀을 기쁨으로 받고, 주님 앞에서 다시 오실 주님을 예비하는 삶을 살아야 합니다.

그럴 때 우리가 하나님의 기쁨이 됩니다. 하나님이 쓰시는 세상을 향한 하나님의 소망이 됩니다. 주님의 신실하심을 붙들고 일어나 주님의 영광을 찬양할 수 있는 우리 모두가 되기를 바랍니다.

오직 예수 그리스도의
영광만으로!

주님이 기뻐하시는 교회가 되기 위해 성도들과 함께 데살로니가 교회를 주목하며 한 해를 시작한지도 벌써 8개월이 지났습니다. 지나간 시간을 돌아보며 무엇이 우리로 하여금 그런 교회가 될 수 있도록 이끌어주는 힘이 되는지 잠시 돌아보았습니다.

무엇보다 우리는 예수님을 다시 한 번, 신선하게 만나야 합니다. 신앙생활을 오래 한 성도일수록 예수님에 대한 선입견이 어느 정도 자리잡고 있습니다. 그러나 우리는 그렇게 우리 머릿속에 선입견으로 자리잡은 예수님이 아니라 성경 페이지에서 걸어 나오시는 예수님을 새롭게 만나야 합니다.

저는 성도들과 함께 그 예수님을 새롭게 만나고 싶었습니다.

그래서 2011년부터 요한복음 강해설교로 주일설교를 나누기 시작했습니다. 예수님의 모습이 생생하게 담겨 있는 요한복음 강해를 통해서 예수님에 대한 선입견으로 채워져 있는 우리의 마음을 백지처럼 깨끗하게 하고, 오늘 이 시간 우리를 새롭게 만나주시는 예수님을 만나고 싶었습니다.

　데살로니가교회처럼 하나님의 마음을 가득 채운 교회가 된다는 것은 노력으로 성취할 수 있는 일이 아닙니다. 예수님의 영광으로 우리의 마음이 가득 채워질 때만 가능한 것입니다. 믿음의 역사와 사랑의 수고와 소망의 인내는 그리스도의 십자가 감격이 우리 안에 충만할 때만 가능한 일입니다. 그 감격이 되살아날 때만 가능합니다. 말씀을 기쁨으로 받으며 다시 오실 예수님 앞에 준비된 공동체가 되는 길도 '세상과 나는 간 곳 없고 구속한 주만 보일 때' 가능한 일입니다.

제가 한 가지 확신하는 것은 성숙한 교회란 바로 예수 그리스도로 충만한 교회라는 사실입니다. 주님의 기쁨이 되는 교회란 바로 그리스도의 십자가에서 하나님의 모든 영광을 발견한 성도, 그리고 그런 성도들의 모임을 말합니다. 교회가 예수님의 신부라면 신부의 마음속엔 오직 신랑의 영광으로만 가득 차 있어야 하기 때문입니다.

우리는 예수님의 피 값으로 부르심 받고 구원 받은 예수님의 몸 된 성전, 그분의 신부입니다. 그러므로 우리의 마음이 예수님의 영광으로만 가득 차야 합니다. 우리가 진짜 주님이 찾으시는 교회, 주님이 기뻐하시는 교회가 되어야 합니다. 그래서 하나님의 사랑 가득한 음성이 우리 모두의 가슴속에 크게 울려 퍼지길 소원합니다.

"너는 나의 기쁨이라!"

너는 나의 기쁨이라

초판 1쇄 발행   2014년 8월 14일

지은이   김승욱

펴낸이   여진구
책임편집   1팀 l 이영주, 김수미
편집   2팀 l 최지설, 김나연   3팀 l 안수경, 유혜림   4팀 l 김아진, 김소연
책임디자인   이혜영, 마영애 l 전보영, 오순영
기획 · 홍보   이한민   해외저작권   김나은
마케팅   김상순, 강성민, 허병용, 이기쁨   마케팅지원   최영배, 이명희
제작   조영석, 정도봉   경영지원   김혜경, 김경희

이슬비전도학교   최경식, 전우순   303비전성경암송학교   박정숙, 정나영, 정은혜
303비전장학회 & 303비전꿈나무장학회   여운학

펴낸곳   규장

주소 137-893 서울시 서초구 매헌로 16길 20(양재2동) 규장선교센터
전화 02)578-0003   팩스 02)578-7332
이메일 kyujang@kyujang.com   홈페이지 www.kyujang.com
트위터 twitter.com/_kyujang   페이스북 facebook.com/kyujangbook
등록일 1978.8.14. 제11-22

ⓒ 저자와의 협약 아래 인지는 생략되었습니다
이 출판물은 저작권법에 의해 보호를 받는 저작물이므로 무단 전재와 무단 복제를 할 수 없습니다.

책값 뒤표지에 있습니다.
ISBN 978-89-6097-363-3 03230

규 l 장 l 수 l 칙

1. 기도로 기획하고 기도로 제작한다.
2. 오직 그리스도의 성품을 사모하는 독자가 원하고 필요로 하는 책만을 출판한다.
3. 한 활자 한 문장에 온 정성을 쏟는다.
4. 성실과 정확을 생명으로 삼고 일한다.
5. 긍정적이며 적극적인 신앙과 신행일치에의 안내자의 사명을 다한다.
6. 충고와 조언을 항상 감사로 경청한다.
7. 지상목표는 문서선교에 있다.

하나님을 사랑하는 자 곧 그의 뜻대로 부르심을 입은 자들에게는 모든 것이 合力하여 善을 이루느니라(롬 8:28)

 Member of the Evangelical Christian Publishers Association

규장은 문서를 통해 복음전파와 신앙교육에 주력하는 국제적 출판사들의 협의체인 복음주의출판협회(E.C.P.A:Evangelical Christian Publishers Association)의 출판정신에 동참하는 회원(Associate Member)입니다.